生育的选择

生殖医療はヒトを幸せにするのか
生命倫理から考える

生育的自由与边界

[日] 小林亚津子 著

成琳 译

浙江人民出版社

图书在版编目（CIP）数据

生育的选择：生育的自由与边界 /（日）小林亚津子著；成琳译 . — 杭州：浙江人民出版社，2023.1
ISBN 978-7-213-10807-5

Ⅰ . ①生… Ⅱ . ①小… ②成… Ⅲ . ①生育观—研究—日本 Ⅳ . ①C924.313

中国版本图书馆CIP数据核字（2022）第190642号

浙 江 省 版 权 局
著 作 权 合 同 登 记 章
图字：11-2022-328 号

生育的选择：生育的自由与边界

[日]小林亚津子 著 成 琳 译

出版发行：浙江人民出版社（杭州市体育场路 347 号 邮编：310006）
市场部电话：（0571）85061682 85176516

责任编辑：方 程
策划编辑：陈佳迪
营销编辑：陈雯怡 赵 娜 陈芊如
责任校对：姚建国
责任印务：刘彭年
封面设计：李 一
电脑制版：北京之江文化传媒有限公司
印 刷：杭州丰源印刷有限公司
开 本：880 毫米 ×1230 毫米 1/32 印 张：6.5
字 数：103 千字 插 页：2
版 次：2023 年 1 月第 1 版 印 次：2023 年 1 月第 1 次印刷
书 号：ISBN 978-7-213-10807-5
定 价：58.00 元

如发现印装质量问题，影响阅读，请与市场部联系调换。

推荐序一

熊跃根，北京大学社会学系教授

自20世纪70年代尤其是自21世纪以来，人类在生殖医学和遗传工程领域的科技发展，在很大程度上改变了人们在生育上面临的"不孕不育症"这一传统困境，同时也在一定程度上给女性以选择的自由： 如何生育和何时生育。然而，"生育"作为女性一种独特的经验和权利，在生殖医学和生殖生育服务产业的快速发展下，面临着日益严峻的伦理挑战。生一个孩子，生一个自己的孩子，生一个健康的属于自己的孩子，这些传统上家庭内夫妻之间或代际之间被视作再普通不过的事情，在生殖医学日益发达的当代社会里，已经变得异常复杂。比如，精子提供者与出生的孩子之间到底是什么关系？在某一个时候，"懂事"的孩子可以去寻找自己"生物学意义上的父亲"吗？冻卵的女性在未来该如何选择值得受孕的"精子"？同性家庭抚育从精子库中选择的"精子"并将它放入另一名受孕女性的子宫里，孩子的父母到底又是谁呢？如果代孕者有一天实在想念孩子并要见孩子，同性家庭的夫妇和孩子又该面临怎样的抉择？

　　生育或生孩子这件事，因为关乎生命，无论对女性还是对男性来说，都是一件十分严肃而又重要的事情。在东亚社会里，尽管对成年人来说，"想要孩子"和"想要自己的孩子"是再天经地义不过的事情。但是，在当代社会，生殖技术的发展确实可以帮助那些无力生育的夫妇或家庭实现自己的梦想。然而，今天我们决不能再简单地把生育看作是一种个体的选择自由和权利，因为生物遗传技术和生殖医学的发展拓展了传统意义上生育发生在有婚姻关系的或感情基础的异性配偶或伴侣之间的边界，这意味着，生育既是一种个体的自由和权利，也涉及人类关系的边界。"精子库"的诞生和众多选择冻卵女性的出现，使得生育变成了一种可以选择何时生、与谁生和如何生的选项。然而，正如作者在书中所呈现的案例和事实那样，实际的情形远比人们想象的复杂：无论人们如何看待生殖技术，技术的发展已远远超过人们观念和教养的步伐。在深受儒家文化和传统思维方式影响的东亚社会里，"生孩子"或"生育"是与家庭、与社会关系紧密嵌在一起的。作为女性或男性，都有比过去更大的自由去选择是否生育和如何生育，并通过先进的生殖技术实现传统上难以实现的欲望或人生愿望。从这个角度上说，技术的发展确实给个体（尤其是女性）带来了自由，经济独立和有知识的女性比过去有更大的自由去发展自我和选择自己想要的生活；生育也早已不再是男性的霸权，并成为限制或约束女性自身发展的障碍，这的确是这个时代社会进步的表现。同时，对那些试图通过生殖技术实现生育愿望的成年人来说，生孩子不再是一件困难的事。但我们在为技术进步欢呼的时候，是否需要认真思考：生孩子仅仅是为了满足自己和家庭的愿望吗？

生育、生殖技术、自由与边界是日本学者小林亚津子这本书的四个关键词。作为人类繁衍和生存的基础，生育确实必不可少。然而，在一个日益现代化和越来越个体化的时代里，技术既是一种人类拓展生存和选择的手段，也制造着一些新的困境和自我限制。技术带来的伦理问题和复杂化的亲子关系，给人类自身活动和制度发展提出了新的考验：现代生殖技术如何与有关生命的伦理保持并行不悖？众所周知，日本是最早成功实现现代化和制度转型的东亚国家，也是一个生育率很低和人口高龄化比例很高的发达社会，很多日本年轻人尤其是女性，进入了不婚不育一族。在这种背景下，对那些不孕不育的家庭和有意保持单身的女性来说，生殖技术确实可以帮助其满足"有自己的孩子"的愿望。但是一旦做出这样的选择，他们或许在未来面对种种不可预期的伦理问题：比如孩子可能会去寻找捐精人或者质疑其父母的合法性；或者单亲母亲在生前难以解释孩子没有父亲的事实，而在去世后孩子又要面临没有亲属关系的窘境。

在今天这样一个社会变迁不断加快，人们的价值观、生活方式日益多元化的时代里，现代性已经不再简单地表现为对传统的继承，很多东西都在随着时代的进步发生融合和转变。生育既是人类繁衍和存续的一个前提，也是个人和家庭在某个阶段要面对的一个选择。生殖技术的引入，确实使得生育本身不再是一个个人和家庭内部的私人事务，而使其逐步演变成一个具有公共性的伦理问题。过去40多年来，伴随着经济快速发展和现代化进程不断加快，一方面，中国社会已进入人口老龄化和生育率下降的快速通道，与此同时，个体化程度和女性经济社会地位在不断提高，生孩子不再是一个天经地义的事情，也不再必须是婚姻的必然产物。另一方面，精子库、冷冻卵、人工授精和试管婴儿的出现也是一个不争的事实。从一定程度上可以推测，中国社会出现的低生育率态势和人口老龄化进程以及女性生育选择等方面的各种现象，与日本社会有高度的相似性。如何认识今天中国社会的家庭制度面临的转变，如何理解女性在生育问题上的选择和自由，如何保持合法合理使用生殖技术与维护个人的正当权益之间的平衡，小林亚津子教授的这本《生育的选择：生育的自由与边界》，通过鲜活的案例、严肃的思考和女性细腻入微的观察，也许会给中国读者带来很多有益的思考，并带领读者尝试在某一刻进入一种反思生育问题的伦理生活状态。

2022年10月31日于北京

推荐序二

郭连友，中华日本哲学会原会长

这是一本既深邃又有趣的书，拿起来就不忍放下，总想一口气读完。

作者从哲学及生命伦理的角度，指出生殖技术日新月异的发展在为人类提供更多生殖自由、给不孕不育者带来"福音"的同时，也带来了诸多意想不到的社会和伦理方面的问题。比起冷冻卵子、精子库与选择性单身母亲、死后生殖、基因分析技术、体外受精和代孕生产、面向女同性恋者的精子库等生殖技术的发展，法律、社会伦理不仅没有及时跟上，甚至还远远滞后。

本书作者以女性学者特有的敏锐观察和冷静分析，促使我们在阅读本书的过程中思考医疗技术、操纵生命与传统的人类观、价值观之间的各种难题，并从中找到判断和解决这些难题的启示。

目　录
CONTENTS

目录

第四章 能选择基因的时代是幸福的吗？
——基因分析技术和着床前诊断

序 章 落后于生殖技术的伦理

复杂化的亲子关系

2001年，在日本四国地区，一位40多岁的女性生下了一个男孩。这个孩子是这位女性与丈夫以体外受精的方式诞生的，从遗传学来说，毫无疑问他是这对夫妇的孩子。然而，派出所方面却说"不认可其作为该女性丈夫之子的身份"，并以"非婚生子女"（非夫妻间的孩子）的名义受理了出生登记事宜。

这个孩子确实是由丈夫的精子与妻子本人的卵子结合而诞生的"夫妻间的孩子"。这位女性主张"孩子是丈夫的儿子"并提起了诉讼，但最终最高法院同样不承认这位女性的丈夫与孩子之间存在父子关系。这究竟是为什么？

实际上，这位女性的丈夫（即孩子的父亲），早在妻子怀孕之前（1999年）就已经去世了。

如今，精子、卵子和受精卵的冷冻保存技术飞速发展，甚至睾丸和卵巢等生殖腺本身的冷冻保存（实验阶段）也变成了现实。通过冷冻，可以停止（或推迟）精子、卵子和受精卵的"时间"。

举例来说，如果可以停止精子的"时间"，那么即使丈夫因疾病或事故等离世，遗孀也可以利用冷冻保存的精子来产下已逝丈夫的孩子。这被称为"死后生殖"。本人死亡之后，其"孩子"出生——这种事已成为现实。事实上，精子的冷冻保存技术就是为了从在战场上身受重伤、濒临死亡的士兵身上提取精液并送回故乡而诞生的。

四国地区这位身患白血病的男性在接受治疗前，将自己的精子冷冻保存，计划在去世前用它与妻子的卵子进行体外受精。他的家人也证实，他在生前希望进行死后生殖，但他因感染症而突然离世，所以死后生殖究竟是不是他在面对自己死亡时所作出的选择，我们无从得知。

孩子诞生之际，孩子的父亲已经离世300多天了，因此派出所在孩子的出生证明上将其登记为非婚生子。孩子的母亲声称这个孩子诞生于过世丈夫的精子，所以他是丈夫的孩子，请求进行孩子的"死后认定"[①]。2003年，这位女性的请求被地方法院驳回；翌年，高等法院判决认可了死后认定；但到了2006年，最高法院又主张"现行民法[②]中没有针对死后生殖的规定，因此无法认定两者存在父子关系"。

虽然在技术层面上可以实现死后生殖，但法律并不承认由此诞生的孩子，因此发生了这种在遗传学上有血缘关系的亲子却不被视为亲子的事情。

[①] 日本的民法规定，法律上无婚姻关系的男女所生的子女（非婚生子女）如果想继承父亲的遗产，就必须获得父亲的认定。根据父亲的遗言而得到的认定被称为"死后认定"。在请求进行死后认定时，因被告人（即父亲）已经死亡，所以由检察官担任被告人并由法庭进行裁决。如果父子关系得到认定，子女的户籍上就可以登记父亲的名字，子女也有权继承父亲的财产。——译者注

[②] 第772条。——作者注

辅助生殖技术

正如"妊活"①这一词语的出现所反映的现实情况：近年来，希望通过医疗技术来实现"想要孩子""想做父母"等愿望的夫妇已不再罕见。生殖技术的日益进步，蕴含着实现他们殷切期望的可能性。此外，随着媒体耸人听闻地报道"卵子老化"，逐渐出现意欲趁年轻时将自己的卵子冷冻保存的单身女性，她们这种提前冻卵的行为被称为婚前的"卵活"。

"体外受精"曾被视为侵犯"神之领域"的"非自然"生命操作，在带给人类冲击的同时也受到了批判；但现如今，体外受精已被确立为"医疗"手段，成了非常受欢迎的生殖技术。在日本，被称为"试管婴儿"的"体外受精儿"的出生人数也在不断增加，2010年全年达到了28945人（包括显微受

---

① 妊活，即"妊娠活动"，指为准备怀孕和生育做的一系列活动，包括掌握关于怀孕的知识、与家人商量孕期事宜、了解自身的孕期状况、借助医学手段进行不孕治疗等。后文的"卵活"指趁年轻冷冻并保存健康的卵子而进行的活动。——译者注

精）。这一年，在日本诞生的每37个婴儿中就有一个是试管婴儿。

除此之外，还有使用丈夫之外男性的精子来创造"孩子"的"人工授精"，以及借助妻子以外女性的子宫的代孕生产等，各种各样的辅助生殖技术不断出现。

肯定会有人认为这些生殖技术是"非自然"的。但是，"自然"已不再仅仅意味着不施加人力的原始自然。在不断包容发展科学技术的社会中，"自然"本身正被人为地创造出来，我们对于"自然"的感觉也在不知不觉中发生着巨大的变化。

生殖技术的发展对我们传统的人生观和家庭观，以及亲子关系产生了怎样的影响？这对于"想生孩子"的女性（或者渴望子女的男性）来说是"福音"，还是新的道德困境的开始？这种道德困境是否挑动了"非自然的欲望"，从而让他们面临从未预想过的苦恼？

此外，这种技术也正在扩大对孩子进行"生命选择"的范围。从2013年开始，在引发日本社会关注的"新型"着床前诊断（植入前诊断）中，通过检查染色体在受精卵着床之前的阶段中是否有异常，可以只选择"没有疾病"、能"健康"成长并诞生的胚胎。"想要健壮的孩子""希望能生下健康的孩子"，这些愿望本身或许是非常"自然"的父母之心。那么，为了生下"健康的孩子",想要"选择"并生下没有疾病和缺陷的"健康的受精卵"也是"自然"的事情吗?或者说,为了不让孩子学习吃力,因此打算用擅长数学的供精者的精子来创造孩子的想法也可以被称作"自然"的父母之心吗?

事关生命的种种道德困境

我的专业是哲学，如今在大学里教授伦理学。与其说是
"教授"，或许说与学生们"一起思考"更加准确。

伦理学中并不存在条理清晰的"正确答案"。"什么是正
确的？""什么是好的？""应该选择怎样的人生？"对于这
些问题的判断因时代和地域的不同而存在很大差异。即使被迫
面临事关"生命"的伦理判断也同样如此。而且，随着生命科
学技术的不断进步，"前所未有的事件"不断发生，新的伦理
观也正在遭受质疑。

事关生命的道德困境是多种多样的。

得益于生命延长技术的发展，如果自己处于非本人意愿而
"被迫活下去"的状态中，那么是否可以拒绝活着呢（即拒绝
治疗或选择安乐死）？"脑死亡"（依靠人工呼吸机维持的状
态）是"人的死亡"吗？在基因诊断中，诊断出有绝症的发病
风险是否妥当（对于受诊人来说，听到这个诊断结果可能无异
于被宣判死刑）？此外，还有近年来备受瞩目的生殖技术伦理

问题："不孕不育"是"疾病"吗，利用生殖技术是"医学治疗"吗？这些是对人类的自然存在提出的至关重要的问题。

在自然界的生物种类中，存在一定比例的个体无法留下子孙后代，人类也是如此。有十分之一左右的夫妇被称作无法生育的"不孕不育夫妇"。但是，和其他生物种类一样，这是极其"自然"的事情，"不孕不育"不过是生物学上的"命运"而已。尽管如此，我们还是将其视作"倒霉"或"疾病"，为了从不孕不育的状态中摆脱出来，那些夫妇成了在医疗机构接受"治疗"的"患者"。

近年来，除"体外受精"技术以外，冷冻精子、卵子或者受精卵等生殖技术也逐渐发展起来。冷冻技术原本用在动物身上，近来则被运用于人类的精子、卵子和受精卵，从而使其时间停止（保持活性），并使得在空间上自由运输也成为可能。生命的诞生开始超越时间与空间上的限制。

在丹麦、加拿大和美国，已经出现了冷冻精子跨越国境，被其他国家的女性用于人工授精的事情。随着生殖"技术"搭上商业基础，中介人登场，此种活动变得更加活跃，从而产生了"孩子"在遗传学上的父母（供精者或供卵者）是从未见过的异国男女的事例。

生殖原本是亲密的男女伴侣间发生的事情，如今素不相识的男女之间也可以生下孩子，这意味着当下的现实情况正从根本上质疑我们的生殖，即"孩子"和"父母亲"，以及"家庭"等传统价值观和人生观。

这种情况还不仅局限于"男女之间"。在荷兰等认可同性婚姻的国家，"同性之间"（即男同性伴侣和女同性伴侣之间）也可以利用这种"生殖技术"，获得"属于自己的孩子"。

在技术高度发达的今天，生活在现代的我们可能经常要直面未知的问题。面对某些事态，我们可能无法用已有的法律或在伦理判断的框架内进行应对。我们的脑海中可能会浮现操纵生命、自然法则、人类的追求幸福权等词语。这些都是贯穿本书的关键词。

此外，在不断取得新进展的"生殖技术"的过程背后，我们也能看到将"技术"视为救命稻草之人的殷切心情。

人们通常认为，技术是根据人类的需求而发展的。生殖技术乍看上去似乎很难让人理解，但其产生的背景必定是现实中有人出于难以言喻的各种理由而盼望"得到孩子"（或为此感到苦恼）。思考生殖技术的伦理问题时，我们也有必要考虑其所处的具体情况。

随着日本生殖医学的状况为人所知，逐渐明确的事情是：利用生殖技术并渴望生出"孩子"之人的心情，与无法完全对此作出应对的日本法律制度和日本妇产科学会（以下简称"学会"）的指导意见之间存在距离；无论如何都想要孩子（或总有一天想生孩子）的夫妇（或单身女性）与非当事人之间存在无法弥合的"温度差"。这是贯穿本书的关键问题。

在阅读的过程中，一定会有人对利用这种生殖技术产生强烈的抵制情绪，会说这是"滥用科学"。确实，"趁还能生育的时候靠精子库来孕育孩子""同性伴侣之间也想要孩子"等颠覆传统"家庭"观念的生殖技术被付诸现实，这对于并不处于此种状况之中的人们来说，他们或许无法理解希望借助技术来孕育"孩子"之人的心情。

温度差的产生也有技术本身的理由。无论是体外受精和代孕生产，还是人工授精，都与传统医学治疗相去甚远。

例如，体外受精被称作"迂回医疗"。一位女性因输卵管堵塞（输卵管梗阻，卵子的通道堵塞，无法排卵），卵子无法与精子结合而不能生育。1978年，她产下了世界上第一例"试管婴儿"路易丝·布朗。她曾经说过："如果卵子无法通过输卵管的话，那么迂回一下如何？"受此启发，生理学家罗伯特·爱德华兹与妇产科医生帕特里克·斯特普托从这位女性的身体中提取出卵子，在培养皿中实现了卵子与精子的相遇（受精）。他们在自然的生殖过程中施加人力，以体外受精这种迂回手段取代了输卵管中的自然受精（详见第五章）。

当丈夫的精子无法使妻子怀孕时，将其他男性的精子以人工手段注入妻子的子宫内实现卵子受精，这种使用供精者的精子来进行人工授精的方法叫作异源（供精）人工授精。这种行为曾被批判为"通奸"，但日本等多个国家正在采用这种方法来"治疗"因不育而苦恼的男性。在这种情况中，人工授精可以说已经不是夫妇之间的"迂回"手段，而只是实现"孕育孩子"这一目的的路径。

也许有人会说，医疗的发展过于先进了。不过，这从某种层面看来也意味着"医疗的界限"。人们无法依靠现在的医疗技术来解决妻子的输卵管堵塞、丈夫的无精症等问题，因此不得不采用体外受精这种人工迂回手段，并刻意用丈夫以外男性的精子来受精。医疗本来的目的是治疗患处，使其恢复正常功能。但是，当现在的医疗技术无法做到这一点时，就不得不放弃治疗（或者是无法治疗）患处本身，而是以其他的方法来实现当事人"想要孩子"的愿望。

如果是用丈夫的精子和妻子的卵子来进行体外受精，那么可以利用医疗技术来采取"迂回"路线；但如果是使用供精者的精子来实行人工授精，那就成了用他人的精子孕育非丈夫的孩子，这也可以称作"治疗"吗？

此外，代孕生产又如何呢？如果自己没有可以受精的卵子，也没有能够怀孕的子宫，那么这样的女性从其他女性身上获得"卵子"，借他人的"肚子"代孕生产也可以称作"治疗"吗？

子孙繁盛是人类普遍的需求

生殖技术被批判为"滥用科学",总是被无须接受生殖治疗的人冷眼相待的理由之一,就是生殖技术并不是医学上的"根治治疗",即治疗对象是对生殖造成障碍的患处本身(输卵管、子宫、生精器官)。相反,生殖技术是"救济治疗",虽然无法治愈患处,但可以通过其他方法将患者从"无法生育"的苦恼中解救出来或实现其生育的愿望。

"救济治疗"并不罕见。在日常生活中,近视者佩戴的隐形眼镜和框架眼镜就是一例常见的"救济治疗"。

比如,我的裸眼视力是0.05,戴上隐形眼镜后的矫正视力是1.5。针对近视这一疾病,本来应该通过技术进行治疗,即"根治治疗"。但现代的医疗技术无法实现,因此在人眼外加配人工晶体来矫正视力,将患者从"看不清楚"的不便中解放出来,也就是所谓的"救济治疗"。从某种层面来说,"救济治疗"显示了医疗中"根治治疗"的局限。

更加明确的佐证是脏器移植。

脏器移植不是"根治治疗"。之所以进行脏器移植，是因为现代科学无法医治患者脏器所发生的病变。现代医学无法治愈慢性肾功能不全、扩张型心肌病、肝硬化等疾病，因此在容许排斥反应、免疫抑制药物的副作用等风险的条件下，医生迫不得已将他人的脏器移植到病人体中。换言之，正是因为无法进行根治治疗，所以才要用他人的脏器来"救济"患者。从这一含义来说，与其说是医疗水平的进步，倒不如说脏器移植体现了医学的界限（根治治疗的界限）。

本书论及的生殖技术与脏器移植有同样的特点。不过，两者之间最大的差异在于，患者本人未必会在接受生殖医疗的过程中陷入生命危险（与本人的健康状况无关）。而且，这一点也是生殖技术涉及伦理问题的重要原因之一（详见第一章）。

生殖技术的另一个特点是，新的"人格"将会得益于这一技术而诞生。通过辅助生殖技术降生的孩子也会成长为同我们一样具备感情和思想的活生生的人。这些孩子可能会对自己非"自然"生殖的出生方式感到苦恼，因而对父母产生复杂的想法，也有可能虽然对自己能够来到这个世界心怀感恩，却逐渐形成了与"自然"诞生之人不同的人生观和身份认同。

自己是因"花钱买来的"精子而得以出生的（使用精子库的情况），或者不是从"母亲"的肚子里生出来的（使用代孕生产的情况），这些事实会给孩子们的人生带来怎样的影响？

生殖技术所引发的伦理问题中还有一个明显的特点就是：生殖技术并不只是涉及使用生殖技术的当事人的"追求幸福权"和"自我决定权"。

英国北部出土了一具男性骸骨，据推测可能是在公元3世纪前后罗马帝国占领时期被埋葬的。他的口中含有两颗石头，代表他死后前往他界时的生殖需求。

即便已经离开了这个世界，过去的人们仍旧怀揣着"组建家庭""生儿育女"等愿望，这和身处生殖技术高度发达的现代社会的我们存在共通之处。子孙繁盛可谓人类普遍的需求。

无论是对生殖技术持批判态度的人、打算利用生殖技术的人，还是已经通过这项技术生下孩子的人、凭借生殖技术来到这个世上的人，不妨在阅读本书的过程中暂时将自己的观点和看法搁置一边，站在处于不同境况之人的立场上，体会他们的内心世界，将自己带入其中。

当下，科学技术远比伦理和法律发展得更快。考虑科学技术的是非之前，请先聆听一下身处最前线的当事者的声音，他们正设法调和技术与需求、技术与人性之间的关系，并为之努力奋斗。

第一章 停止"生物学上的时钟"
——冻结卵子，就能随意进行人生规划？

年过五旬的女性生育也没关系吗？

30多岁的米兰达是一位住在纽约的单身律师，这天她去妇产科进行身体检查。医生告诉她，检查结果显示她右侧的卵巢已经停止排卵。米兰达无法掩饰内心的震惊，不假思索地问道："这就是说卵巢'罢工'了？！"

当晚，米兰达面对凯莉等三个无话不谈的朋友，自暴自弃似的放言道："我选择单身的原因之一，是右侧的卵巢放弃了我，它认为我不可能结婚生子。就像我放弃了毫无胜算的事情一样。"

凯莉问道："但左侧的卵巢不是还能排卵吗？"

米兰达叹着气说道："我在生物学上已经是不合格的人

了。真讽刺，毕业于哈佛的我，卵巢却……"

在此之前，米兰达和男朋友亲密交往时，喝啤酒都小心翼翼。他们分手后，又得到了卵巢有问题的消息，这刺激到了米兰达，她决心开始服用促卵泡激素（促进排卵的激素）。

第二天，在与同事吃晚餐时，米兰达提出了这个话题。

"最近，我正在考虑要不要做此前从未想过的事情。"

"什么事情？说来听听。"

"我的卵巢近来'罢工'了，无法正常排卵。……如果左侧卵巢也病变的话，可能就彻底无法生育了。所以我决定现在开始服用激素，不过也在考虑要不要冷冻卵子。"

"冷冻卵子？"

"对。不是精子库，而是卵子库。这样的话应该就没什么负担了，也可以摆脱生育的时间限制。"

听到这话的男同事以一副不可理喻的口吻说道："但是，还会有别的问题产生啊。"

"比如？"

"好比……不过发展生殖技术的意义在于什么？如果是因为想要孩子，年过五旬的女性生育也没关系吗？"

对方继续说道："有人无法生育，或许就是这个世界淘汰弱者的方式。我觉得这①是对科学的滥用，让人感到很奇怪。现在已经有了基因改造的精子和人造子宫，干脆把世界上的男人都消灭好了。"

米兰达听着对方的话语，目瞪口呆，听他说完最后一句话后，她重重地把杯子放在桌子上，心中的怒火爆发出来。

"喂！我才不想让一个做过植发的男人告诉我科学是什么！②"

在这之后，米兰达不再服用激素。不是因为那个男人说的一番话，而是因为米兰达才33岁，左侧的卵巢也正常，她不想过早地放弃希望。回到家后，她打开了冰箱门，心中思考：也许有一天我会冷冻卵子，但不是现在……

于是，米兰达暂时放弃了冷冻卵子的念头。

（出自《欲望都市》第二季第十一集《恋爱进化论》）

读完这个故事后，各位读者现在有怎样的想法呢？

一方面，会如同对米兰达热切地讲授"科学真谛"的男性一般，震怒地说"冷冻卵子是不可能的！简直疯了"吗？抑或是产生了"科学家总是在想极其荒唐的事情，他们难道不是无

---

①　即指生殖技术。——作者注

②　对方最近刚开始植发。——作者注

视自然规律，通过生殖技术来拓宽女性选择的自由，并将世界引向怪异方向吗"之类的想法，抱有不安或疑虑？

在新的科学技术和医学技术登场时，技术与人性之间的协调能否实现，这无疑是人们非常关切的问题。

另一方面，也会有与米兰达产生同感的人吧。

他们也许会说："我非常理解米兰达意识到自己'生物学上的时钟'（即生育的时间限制，卵子老化）时的不安。女性的事业上升期和生育'适龄期'往往重叠，职场女性总要面临'工作'还是'生育'这两个令人极其苦恼的选项。"

因此，这些人也许会认为："如果有方法能够解决这样的烦恼，让女性既能工作也能生育的话，采取这样的方法[①]不也挺好的吗？"这种观点从人类（这种情况中特指女性）的"追求幸福权"出发，承认人类具有获得并使用生殖技术的权利。

在这部电视剧中，登场的女性大多凭借自己的才能累积了一定的社会地位，但唯独在恋爱上无法发挥其学习能力，被爱情所伤，偶尔伤心欲绝，却又坚强并积极地生活着。她们有时渴望爱情、梦想结婚，也许也是因为意识到自己"生物学上的时钟"。

---

① 即指冷冻卵子。——作者注

每天大量产生的精子和不断减少的卵子

像米兰达这样，30多岁时在事业上小有成就的女性不知不觉就失去了生育能力，她们对此并未有多少察觉。从20多岁开始，她们坚信"总有一天想生孩子"，或者"无论何时都能生育"，当她们突然意识到这是个问题的时候，"生物学上的时钟"已经比预想的更加迫近。

"卵子老化"这一令人震惊的事实，从根本上颠覆了女性"无论何时都能生育"的信念。与总是在不断生成的男性精子（据说每天产生约1亿个）不同，卵子从女性出生后便位于其卵巢内，不再增加，与本人一同成长衰老。在胎儿期，女性胎儿体内的卵子约有700万个，出生时则降至200万个。据说，无论女性如何保持外表的年轻，都无法阻止卵子的衰老。

卵子老化导致无法结合成受精卵的例子也在增加。夫妻双方并无身体上的疾病，女性却无法怀孕，主要原因便在于卵子的老化。"卵子也会变老"——你在第一次听到时肯定大吃一惊吧。"卵子老化"这一事实直到最近才逐渐为人所知。

　　例如日本议员野田圣子，尽管尝试了体外受精却没能用自己的卵子生下儿女，最后她在美国接受了供卵者的卵子，在50岁时产下孩子。接着，她在生产两周后就摘除了子宫。不仅如此，那个婴儿生下来就患有重大疾病。正如之前提及的那位男性所言，"年过五旬的女性生育也没关系吗"，许多人也对野田圣子"超过可生育的年龄仍一意孤行"的做法大加批判。

　　野田圣子说，她是因为不知道"卵子老化"而推迟生育的。由此可知，女性的生育能力比人们预想的更早就走向衰弱这一事实，还不太为人所知。

冷冻卵子"直到想要生育之时"

无论是渴望生育的夫妇还是单身女性，"卵子老化"都是非常切实的问题。日本广播协会（NHK）有一档名为《Close-up现代》的节目，在2012年2月14日播出的《想要生产却无法生产——卵子老化的冲击》一期中，一位33岁的单身女性表示，她是偶然从网上得知"卵子老化"这一消息的。

"当时，我感觉自己的双手在颤抖，觉得非常不可思议。一想到这个，我就无法入眠。"

她走上社会时正遇上"就业冰河期"①。她此前作为派遣员工等非正式员工工作，但过了30岁，能接纳她的派遣公司渐渐减少。于是，她打算利用工作以外的时间潜心学习，考取专业资格证书。

她没有正在交往的男友，也没有时间寻找结婚对象。2011年，她做了一个重大决定，即冷冻卵子。她在东京都内的诊所

① 即由于经济低迷导致的就业困难、就业形势严峻的时期。——译者注

将自己的卵子保存在液氮中"直到想要生育之时",以防卵子老化。这就是本章开头米兰达曾考虑的"冷冻卵子"。"冷冻卵子"也被称作结婚前的"卵活",在日本国外则被用于"预防治疗"。

在日本国内,这项技术的使用(作为学会的临床研究在事实上得到认可)是为了防止癌症患者因治疗而导致卵巢功能丧失,即出于保护卵子的目的。除该目的外,学会的指导意见并未对冷冻未婚女性的卵子作出相关规定。最近出现了一些迎合单身女性的强烈意愿而引入卵子冷冻技术的医疗机构,2013年11月,日本生殖医学会修改了指导意见,在事实层面上认可了未婚女性为应对未来状况而冷冻卵子的行为。医学会将两种卵子冷冻加以区分:一种为"医学适应",即癌症患者在接受治疗之前冷冻卵子;另一种为"社会适应",即为了应对未来而进行的卵子冷冻,也就是"卵活"。

但是,冷冻卵子远比冷冻精子和受精卵困难,现处于技术手段尚未成熟的阶段。在实施冷冻、解冻等物理变化的过程中,卵子本身可能会变性,甚至发生破裂。而且,即便是顺利解冻的卵子在受精后也无法保障孩子能够正常出生,所以冷冻卵子的成功率绝不算高。

现实中确实存在这样的例子:罹患白血病的单身女性打算在卵巢尚未因治疗而丧失功能之前保存自己的卵子,但又担心卵子冷冻技术不成熟，因此利用未婚夫或精子库中陌生人的精子来与自己的卵子结合，并将受精卵冷冻起来（这种方式的妊娠率更高）。

尽管如此，将卵子保存在东京都内诊所的这位女性说道："为了在将来不失去工作和生育的可能性，就只能采取这种办法。"

"因为能够生育的时期与工作期重叠，而生育的时间限制近在眼前。"

她珍藏着自己冷冻卵子的照片。面对"这张照片具有怎样的意义"这个问题，她答道："如同护身符一般。"

这个"护身符"里蕴藏着女性怎样的想法呢？应该是"总有一天想要生子"的期盼，抑或是"无论何时都能生子"的希望吧。（采集卵子的最高年限是40岁，直到女性闭经，无法取到卵子为止。）

不孕不育是极其自然的现象

不知各位读者是否认可"冷冻卵子"是女性追求幸福的一种手段（护身符）的观点。其实，现在不仅有单身女性冷冻自己卵子的事例，也有向为卵子老化所苦的女性"提供"年轻女性冷冻卵子的情况，正如之前提及的日本议员野田圣子。

也许有人会像听闻米兰达的话后大吃一惊的男性一般，认为这种生殖技术是"滥用科学"；也许还会有读者认为"没必要那么做吧"，或者觉得正如人的生死无法控制一样，应以"孩子是天赐的"这种想法来看待。或许还有人轻易地得出结论，仅因为"无法生育"与本人的生命及健康状况没有直接关系，就认为人工干预生殖过程是"违背自然"或"肆意而为"的行为。

但是，"鹳鸟送子"①这个故事在现实之中却问题多多。

---

① 在西方传说中，鹳鸟被视作运送孩子的鸟。在中世纪的德意志和北欧等地，夫妻的婚礼大多在夏至时举行，妻子在夏天怀孕并在来年春天生产，此时正逢迁徙的鹳鸟从非洲返回温暖的欧洲繁殖。"鹳鸟送子"的说法因此流传下来。——译者注

不孕不育确实只是“生物学上的几率”而已。无论是哪种生物，都存在一定比例无法生育后代的个体。人类这种生物也存在一定数量不能生育的人，这是非常“自然”的事情。不孕不育之人并非有所谓的道德缺陷，也不是生活“不幸”，因为不孕不育是一种“自然现象”。然而，面对不孕不育这一现实的人却总是容易把自己看作“倒霉”或“不幸”之人。据说，有些人因得知自己（配偶）不孕不育而深受打击，甚至到了有必要接受心理治疗的程度。年龄增长导致的卵子老化也是“自然现象”的一种，但女性常不肯放弃，并由此陷入自责的情绪之中：“要是趁年轻时生下孩子就好了……”

出现这种想法的背景之一就是关于女性和生殖的社会价值观与人们的意识。

正如厚生劳动省①原大臣柳泽伯夫关于“女性是生育工具”的发言，以及东京都原知事石原慎太郎的“老太婆发言”②所反映的，在现代社会中，女性的社会价值在于传统的生育观念依然根深蒂固。女性自己也在不知不觉中将这种价

---

① 即日本负责医疗卫生和社会保障的主要部门。——译者注

② “老太婆发言”指时任东京都知事石原慎太郎引用东京大学名誉教授松井孝典的话语而发表的一系列言论，代表性的有“文明带来的最丑恶的东西就是老太婆”“女性在失去生育能力后还活在世上的话，不仅是浪费资源，还是极大的罪恶”等。石原慎太郎因此番言论遭到了日本女性活动家的起诉。——译者注

值观内化于心，从而受到了"想要生子"（与其说是想要生子，不如说是不得不生）这种想法的驱动。其实，在事业方面蒸蒸日上的优秀女性，越发对"生物学上的不合格"产生强烈的抵抗情绪。

"趁着年轻快生吧"的压力

随着"卵子老化"受到世人的广泛关注，"趁着年轻快生吧"这种新的重担逐渐压在女性的肩上。

社会中有为数不少的女性在专心致志发展事业的同时，因卵子不断老化，从而面临着"想要生育却怀不上"的苦恼。前文提及的NHK为制作卵子老化节目设计了问卷调查，调查结果显示，20—35岁正是职场人士的"成长期"，即事业发展的时期，它正与女性的怀孕适龄期重合。自《男女雇用机会平等法》实施以来，和男性在同一时期进入企业的"平等法一代"之中，有许多身处怀孕适龄期的女性并不知道卵子老化的事实，而是专注于自己的事业。

尽管如此，就算知道卵子会老化，也并不意味就要尽快生育。在NHK的问卷调查中，针对回答"不知道卵子老化"的女性，NHK的工作人员进一步问道："如果知道的话，那么会打算早点怀孕并生育吗？"在35岁以上女性受访人中，65%的人持肯定意见，"没有这种打算"的占4%，还有31%表示"有这样的打算，但恐怕难以实现"。

当被问及为何"有这样的打算，但恐怕难以实现"时，其中22%的人选择了"学业和事业会因怀孕和生育而中断"，18%认为"职场同事等身边人不予以理解"。调查结果表明，以事业发展为由的人数最多，排在第二位的是"经济上的原因"。

此外，回答"其他原因"的女性数量也很多，工作人员询问具体理由时，半数以上的人回答"结婚比较晚""没有遇到合适对象的机会"。

归根结底，"生产"的确是找一个人生孩子，但并不是随便找一个人都能生的（就算女性想要利用精子库，也要考虑供精者的学历、身高等因素）。与孩子"父亲"的相遇是一种"缘分"，女性自身无力也无法控制。就算是去参加"婚活"①，也不一定能马上遇到共度一生的理想之人。

许多拥有工作的现代女性到了30岁左右的时候，会产生"虽然很喜欢职场生活，但不组成家庭也没关系吗"等烦恼，或者面临"有孩子的一生，还是没有孩子的一生"之类的选项，处于人生选择的十字路口上。在这种时候，有的女性身边有考虑具体结婚事宜的男友，有的女性则没有能够一同走进婚姻殿堂的伴侣。

_____

① 即以结婚为目的的相关活动的总称。——译者注

在生育信息网站"Babycome"和生育记者河合兰共同发起的网络调查中,针对140名高龄初产妇"你为什么会高龄初产"(多选)这一问题,在40岁以后生下头胎的人中有70%回答"与伴侣的相遇较晚",而在35—39岁生下头胎的人中也有46%作出相同回答。排名第二的理由是"较难怀孕",由此可见,正是因为与伴侣相遇较"晚",才会在"想要生育"的时候难以怀孕(见图1)。

你为什么会高龄初产?(多选)

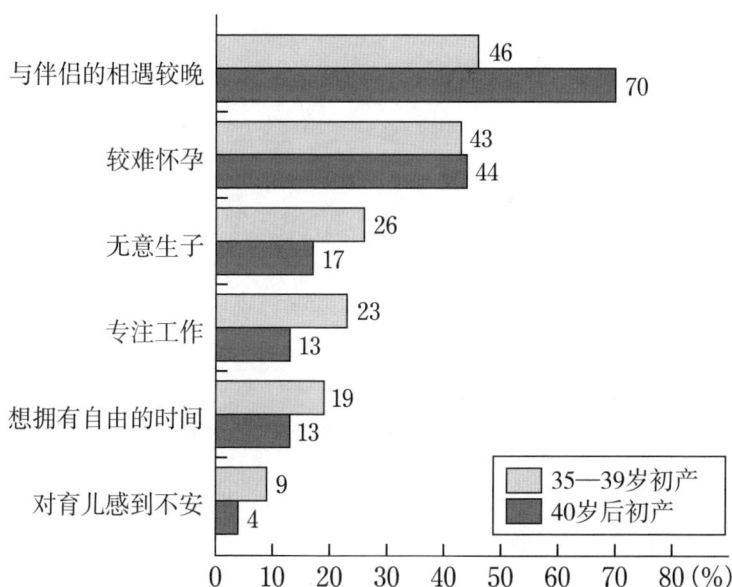

资料来源:河合兰与Babycome的共同调查(2010年)。

图1 140名高龄初产妇关于"你为什么会高龄初产"的回答

可见"晚育"并非女性主动选择的人生规划。有些人不是在自己的事业能够取得一番成就之前"任性"地"不想生育",或者自愿"推迟怀孕",而是即便有生育的心愿也因为没有合适的对象而未能实现。虽然自己的身体能够感受到"生物学上的时钟"的指针一圈圈转动,但女性无法独自掌控与人相识并结婚的缘分。

没有异性交往对象的未婚者正在增加

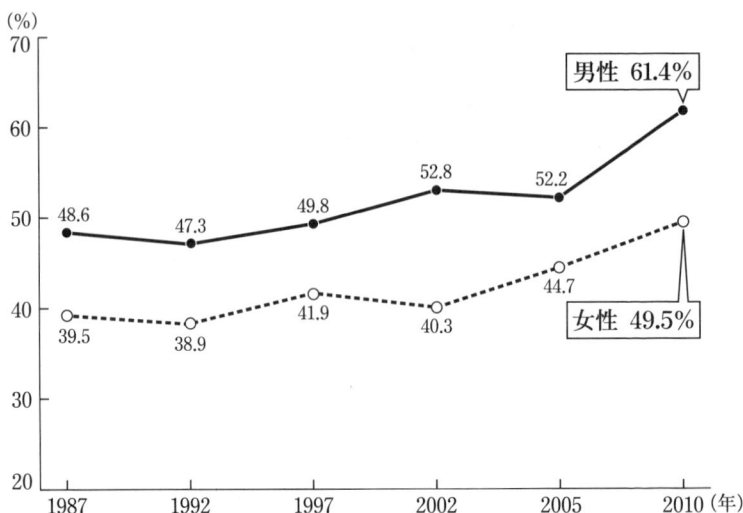

资料来源:日本国立社会保障、人口问题研究所《第14次出生动向基本调查(2010年)》。

图2 未婚者中没有异性交往对象的人的比例

根据《第14次出生动向基本调查（2010年）》，没有异性交往对象的未婚者数量近年来急速增加。2010年，男性未婚者中没有异性交往对象的比例达到61.4%，女性中这一比例则为49.5%（见图2）。也就是说，晚育化根植于男女双方的晚婚现象之中，并不能完全归咎于女性的"任性"与"无知"，这是我希望男性也能明白的一点。

是谁的孩子无所谓，只要生下来就好？

在我们研究人员中，非单身女性的研究员存在两种不同的倾向——学生时代结婚或晚婚（男性之中也可以见到这种趋势）。如果没有把握住在学生时代结婚的机会，女性研究者就会在学界登场，在25岁到30多岁之间潜心研究，积累学术成果，与此同时就错过了"适龄期"（包括妊娠）。在这一层面上，她们与"平等法一代"的女性不无共通之处。于是，她们就这样保持单身，或者在大学就职之后偶然与合适对象相识并结婚，即所谓的晚婚型。

我在研究生院就读时，年长的男性研究员曾委婉地劝告我："是谁的孩子无所谓，早点生下来比较好。"听了这句话之后，我不由得怒火中烧。那些对现代女性身处状况一无所知的人，在听闻"卵子老化""不孕""晚育化"等信息后，也许会为即将错过"适龄期"的女性感到焦急吧。（可是，每当我想起这件事的时候，心中还残留着强烈的怒火，认为这是一种极其过分的性骚扰行为。）

　　同样地，普及"卵子老化"这一知识，并因此呼吁女性"趁年轻生育"，可能会给女性带来毫无意义且非常荒谬的负担。这不仅会把"生育"的社会价值强加给女性，还会引发"不孕的原因全部在于女性"的误解，从而带来诸多弊端。这是因为，"生育"一事并非仅靠女性自身的意志就能实现。这一点与奖励子宫颈癌检查和乳腺癌检查存在天壤之别。

从"生物学上的时钟"中解放出来

因此，有人想要"趁年轻时"阻止卵子的老化。

前文提到，米兰达说过这样的话："不是精子库，而是卵子库。这样的话应该就没什么负担了，也可以摆脱不能再生育的时间限制。"

如果把自己的冷冻卵子保存在卵子库，就可以从生育时间限制及其带来的负担中解放出来。设定生育时间限制的"生物学的时钟"在于卵子，所以通过冷冻把卵子的"时间"暂停就可以了。现代研究表明，女性的生育能力并不会因年龄的增长而发生太大的变化。如果拥有年轻的卵子，女性在40岁以后也可以怀孕和生产。最近，有国外的新闻报道称，已然出现67岁或70岁女性生育的例子。而她们都是用年轻女性的卵子完成的生育。

35岁以前的女性可以选择冷冻自己的卵子。这样一来，她们就能从生育的时间限制，即"生物学上的时钟"中获得解放。女性在事业上小有成就、在经济上步入稳定之后，就能够从卵子库中取回自己的卵子，以体外受精的方式生下孩子。

如此一来，女性或许就可以自由地将生育时间纳入自己的人生规划。当然，还有可能出现如下的人生规划：30多岁时，全身心地致力于自己的事业发展；到了40岁，在社会上站稳脚跟并获得经济保障后生育"孩子"；抑或60岁乃至退休之后生下儿女，开启以家庭生活为中心的第二人生。

在此，我不由得想起了米兰达的男同事说的话。

"如果是因为想要孩子，年过五旬的女性生育也没关系吗？"

与当事人的切实愿望相反，对于那些没有生育愿望的人来说，生殖技术似乎是有违常理的"科学滥用"。这是为什么呢？

可列举的理由很多。例如，和男性不同，女性可生育年龄段集中在二三十岁的青年时期。而用科学的力量来改变自然设定的"生物学的时间"——这确实会给人一种埋下隐忧，易引发后患的感觉。

举例来说，前文提到一位高龄女性接受年轻女性的卵子，并在67岁时产下一对双胞胎，然而两年之后她就过世了。另一位女性70岁时生下孩子，虽然现在尚且身体健康，但是否能活到孩子长大成人还不得而知。即便如此，高龄（超过"自然的"生殖年龄）生育就与"孩子的福祉"相悖吗？

生殖医疗技术并不适用于一般意义上的疾病"治疗"，这是引发大部分有关生殖技术是非曲直讨论的根源所在。

"妊活"在多大程度上算"治疗"？

直到近年，"不孕不育"才成为医学上的研究对象，并让患者得到"治疗"。

之前提到，米兰达为了"治疗"排卵困难而服用了促进排卵的激素类药物。想必不会有很多人听闻此事后批评其为"滥用科学"吧。但是，如果听说女性为了保存生殖能力而冷冻卵子，也许会有人像米兰达的男同事一样质疑这样做的意义。也就是说，冷冻卵子是否符合真正意义上的"医学性治疗"，是一个影响人们态度的根本问题。

医学上针对不孕不育的"治疗"可分为两种。

在女性无法正常排卵，以及男性少精或无精（生精功能障碍）、精子活力差或授精能力低下等病症中，可以通过激素类药物来"治疗"。这种"治疗"通常遭受的批判较少，因为它更接近医疗本身的治疗方式。

所谓医疗本身的治疗方式是指治疗患者病症的"根治疗"。"医学性治疗"就是去除患病处，抑制炎症，修复患处本身，用某些方法使病变处尽量恢复至正常的状态（或者恢复正常功能）。

在这种情况中，使用激素类药物将治疗生殖功能障碍的疾病，促使造成问题的患处回归"正常"（即恢复生殖能力）的状态，从而达到"根治治疗"的效果。

与之相辅，在生殖治疗技术中，即便有些治疗达不到预想的效果，无法治愈生殖器官的疾病，也可以让患者获得育孕的效果。

例如，如果使用"体外受精"这一技术，输卵管堵塞的病人可以绕开堵塞的输卵管来创造受精卵；摘除卵巢（或者卵巢功能不全）的人也可以借用其他女性的卵子来生下孩子。即使男性的精子数量较少，也可以将少数几个精子注入卵子进行"显微授精"；如果完全没有精子的话，可以使用供精者提供的精子来完成受精，即异源人工授精。

这些都是即便无法从根本上医治患处，也可以实现患者"想要孩子"愿望的技术（当然，"治疗"成功率并非百分之百）。在这种情况下，医生使用的生殖技术不是"根治治疗"，而是当生殖器官仍处于异常和障碍状态的情况下，仍能实现病人愿望的"救济治疗"。在"根治治疗"无法发挥其作用的时候，"救济治疗"能够在未根治疾病的状况下实现患者的心愿，或者将当事人从痛苦、生活质量低下的状态中拯救出来。

正如序章所述，为近视者配备框架眼镜和隐形眼镜的做法是典型的"救济治疗"。近视本身是无法治愈的，因此医生通过镜片来矫正病人的视力，将患者从"看不清楚"的不便之中拯救出来，由此提高患者的生活质量。例如，为心脏病患者安装心脏起搏器同样是"救济治疗"，虽然无法治愈心脏本身的功能障碍，但是使用心脏起搏器可以提升病人的生活质量。

患处位于大脑，还是位于身体？

在日本，"救济治疗"（而非"根治治疗"）这一概念受到强烈关注的原因，要归结于针对"性别重置手术"（又称性别肯定手术，旧称变性手术）的是非讨论。

1969年，一个妇产科医生由于为性别焦虑的男性实施了摘除外生殖器官的手术而被判"有罪"，即所谓的"Blue Boy事件"。[1]在此之后，性别重置手术被视作"禁忌的手术"，在日本国内不再（公开）实施。因为即便当事人拥有强烈的手术意愿，但从身体上切除正常的生殖器官还是违反了日本原《卫生保护法》（现《母体保护法》）第28条的规定，即"禁止无故使其丧失生殖功能"。

----

[1] Blue Boy（ブルボーイ）、New—half（ニューハーフ）、Sister Boy（シスターボーイ）均指在日本酒吧等场所穿女装公开从业的男性。这名妇产科医生为3名20多岁的Blue Boy实施了性别重置手术，但在手术前并未对他们进行精神检查，以判断"这台手术确有实施的必要性，而非出于个人的喜好或职业上的利益"。——译者注

"无故使其丧失生殖功能"中的"无故"，是指没有医学上的正当理由。换句话说，不能因治疗之外的目的而剥夺人的生殖能力。如果是因为外伤或恶性肿瘤而"有因"摘除生殖器官，就不违反这一条例。但如果是摘除像性别焦虑者那样具有正常功能（没有任何疾病）的生殖器官，那么就会构成违法行为，还有可能受到刑事诉讼。

因此，在了解性别焦虑者迫切希望接受手术的意愿后，埼玉医科大学（于1998年实施了日本第一台性别重置手术）的伦理委员会连续四年针对手术的可行性进行了审议。议论的核心问题是："性别重置手术是医学治疗手段吗？它和出于审美偏好而实施的美容整形手术有何区别？""从法律的角度考虑，什么样的理由算是原《卫生保护法》中的'无故'，什么理由又算是'有因'？"等等。

这些问题的焦点在于，即便性别焦虑构成一种疾病，性别重置手术也与原本意义上的"治疗"概念不相符。通常来说，在医疗场合中，允许实施外科手术这一有可能引起感染或中毒的侵袭行为的，只限于治疗身体患处这一情况。

因此，从这个层面来看，性别重置手术并不是"根治治疗"。因性别焦虑而深感苦恼之人，其"患处"所带来的痛苦根源在于大脑，而非身体。

如果患处位于大脑或者是精神上的疾病，那么就要在精神科接受精神治疗（心理疗法），或者接受脑部的外科手术，以治疗脑内决定性别认同的神经核，这样才可实现"治疗"。也就是说，原本的治疗方法应该是使大脑或精神等患处符合身体性别的"根治治疗"。①

然而，性别重置手术意味着要用手术刀改造机能正常的身体，并改变患处之外的身体部分。

无论是男性还是女性，身体都具有天生的性器官。使健康的身体"不能生殖"，并重置人工性器官，这是身体无法轻易接受的"侵袭"行为。

日本埼玉医科大学的伦理委员会之所以认可这样的手术，是因为性别焦虑本身是不可能被治疗的，至少对患者本人来说，除外科手术之外，没有能够消除本人痛苦的方法。换言之，性别重置手术不是"根治治疗"，而是"救济治疗"。摘除生殖腺等生殖器官或重置性器官的手术并不会给身体带来任何医学上的好处，只是将当事人从苦恼中解救出来的精神性"治疗"。

这个话题有些偏离，让我们再次回到生殖医学的主题。

---

① 在现代国际通用的医学标准中，性别焦虑不再被视为一种精神上的疾病。——译者注

植发算不算"滥用科学"？

在作为"救济治疗"的生殖医学中，还可举出"代孕生产"这样的例子。

所谓代孕生产，指出于身体原因无法怀孕及生产的女性，借助其他女性的身体来生子。现在，有些欧美国家的医疗机构正在运用代孕生产来开展"不孕治疗"。

但是，代孕生产并不是"根治治疗"。许多女性无法生育的原因在于本人的身体状况（如子宫障碍），因此"治疗"身体的患处本身才是"根治治疗"。然而，因为在某些病例中无法对患处进行"根治治疗"，所以代孕生产只是实现本人（或夫妻双方）愿望的临时性手段，是拯救不孕痛苦的"救济治疗"。

"救济治疗"的伦理性问题之所以容易遭到质疑，是因为其与医疗技术的权益性应用（即实现治疗目的以外的应用，如美容整形和兴奋剂等）的分界线十分模糊，具体使用方式的不同可能会产生天壤之别的效果。

在针对生殖疾病的医疗技术之中，区分治疗和权益性应用，将成为巨大的道德困境。例如，卵子冷冻和代孕生产是"医学性治疗"，抑或是"滥用科学"？

在本章开头描述的《欲望都市》场景中，花钱植发的男性将生殖技术强烈地批判为"滥用科学"。但是，如果考虑出于恢复健康状态以外的目的而利用医疗技术的情况，那么这位男性的植发就与"生殖技术"存在相似之处。头发变得稀疏（或者脱发）本身是一种自然现象，并非疾病，也不关乎生命。尽管如此，当事者为了实现自身的强烈愿望——"想要更多的头发"，或者提升"生活品质"而进行人工植发，这在某种意义上来说也可谓"违反自然规律"或"任性之至"。这不也是"滥用科学"的表现吗？

【专栏1】"不孕不育夫妇"指的是怎样的人？

"不孕不育夫妇"究竟指的是怎样的人？

在日本，说到为不孕不育感到烦恼并寻求医生帮助的人群，人们可能大多会想到35岁以上或40多岁为"卵子老化"而苦恼的女性。

2006年，45岁的职业摔跤手"捷豹横田"生下一个男孩。治疗不孕的日本医生纷纷表示，自此之后，40岁女性接受第一次诊断的人数骤增。实际上，在45岁时接受一次体外受精并顺利产子的平均概率只有0.6%。尽管如此，怀揣着一丝希望并将期望寄托在一次花费数十万日元的"治疗"上的患者纷至沓来。

然而，在一些国家，即使非常健康年轻、身体上没有任何生育问题的人可能也会被归为"不孕不育患者"。

例如在美国，即便当事人的生育能力没有问题，出于某些原因而无法生育的夫妇也名列"不孕不育患者"之中。他们就是男同性伴侣、女同性伴侣（同性伴侣无法生子），以及一方因性别焦虑而接受了性别重置手术的夫妻（原本是女性的"丈夫"在接受手术后改变了性别，他们虽然从外表和性别角色来看是"异性"夫妻，但从解剖学的角度来说属于"同性"夫妻）。

女同性伴侣通过异源人工授精技术，使用供精者的精子来接受怀孕"治疗"；男同性伴侣则用自己的精子与供卵者的卵子结合成受精卵，并通过代孕母亲怀胎和生产，生下与伴侣中一方有血缘关系的"孩子"。

如果说他们是"患者"，而异源人工授精、提供卵子、代孕生产等被称为"治疗"，也许会有人对此感到无所适从吧。然而，也有人认为，这些生殖医疗技术是保障他们有权组成自己家庭的"治疗"手段（医学上的支援）。不管怎样，虽然这样的伴侣自身并没有身体疾病，但因为是同性之间结成伴侣，无法生下"孩子"，所以他们也被称作"不孕不育患者"。

韩国有这样一句话："生下继承家业的儿子是儿媳对婆家的义务所在。"生下孩子本身还不够，最重要的是生下亲生的健康儿子。如果将这样的观念内化于心，那么因为"想生儿子"而意欲接受"不孕治疗"的女性也会成为"不孕患者"。所以，在韩国希望进行不孕不育治疗的"患者"中还包括"没有儿子的夫妻"，这是区别于日本和欧美国家的现象，属于特有的情况（不过，据说近年来这种"传统"思想已经日渐衰落）。

　　另一个例子发生在以色列。以色列承认合法的代孕生产，其生殖医疗技术也达到了可与医疗发达国家比肩的高水平。而且，所有的以色列女性（不论宗教派别）在生下两个孩子之前，都可以无限制地接受体外受精，且无须花费任何费用。此外，以色列社会的另一个特点是，不仅夫妻允许进行体外受精、人工授精，或通过代孕产子，未婚女性进行体外受精、人工授精和代孕生产也得到认可。

　　第二次世界大战期间，600万犹太人在种族屠杀中丧命。以色列在建国初期一直困于人口不足的问题，所以确保人口不断增长是国家的一项紧迫课题。为了提高人口出生率，以色列政府提供了怀孕与生产相关的护理费用。那么对于以色列的医生来说，无论是否结婚，这个国家的所有女性都是应该接受生殖医学援助的"患者"吗？

第二章　不再等待王子了吗？
——精子库与选择性单身母亲

白雪公主和精子库

"（白马王子）什么时候才来？"

前一天晚上，夏洛特在夜店里疯狂跳舞，烂醉如泥，第二天宿醉醒来后，她扶着头哀叹道。

夏洛特一直相信，总有一天，英俊多金的"王子"会将自己带离孤独且无聊的曼哈顿生活。但是，他始终不肯现身。有好感的男人要么已经结婚，要么"和妈妈结婚"（也就是"妈宝"），或者是性格冲动、爱好收集鞋子……所以，她不由得借酒消愁。

凯莉安慰似的对她说道："夏洛特，你就没考虑过自己当王子吗？自己帮助自己不就好了。"

"那也太可悲了!"

萨曼莎等三位单身女性听到夏洛特的话感到十分扫兴。

她们关于"白马王子"的想法,正是许多独立自主的30多岁女性内心深藏但绝不说出口的心愿。回家之后,凯莉开始思考夏洛特所坚信的"童话故事"。

"如果白马王子一生都不现身的话,那么白雪公主就要永远安眠于棺材之中吗?还是自己睁开眼睛,起身吐出毒苹果,接着就职、接受精子库中的精子并产下孩子?"

"但还有一个问题。无论是多么充满自信的单身女性,内心深处也还是等着王子来救她吧。女人都像夏洛特所说,是希望被拯救的吗?"

(出自《欲望都市》第三季第一集《自立的女人与王子》)

规划不结婚的人生——选择性单身母亲

前文中的夏洛特梦想着有一天"王子"现身眼前，自己穿着闪闪发光的白色婚纱，两人共同走向婚姻殿堂，手中怀抱着和对方长得一模一样的可爱小婴儿。如果"白马王子"不出现的话，她会从"梦"中醒来，自己成为"王子"，前往精子库寻求帮助吗？

精子库中收集了来自身高、学历条件优秀，没有遗传性疾病且身体健康的男性的精子，这些精子被冷冻保存在液氮之中，并按照顾客的需求解冻，从而提供相应服务。

如第一章所述，因丈夫无精而无法生育的夫妻、单身女性、同性伴侣等，为了"生子"而造访精子库。他们依据分类后的民族、血型、身高、体重、眼睛和头发的颜色、学习成绩、运动、爱好等供精者信息，"选择"冷冻精子，并接受异源人工授精。据说，迄今为止美国有100万名以上的孩子是通过人工授精诞生的。日本则从"二战"后开始实行人工授精，到现在为止也有1万多个孩子出生。

一些在经济和精神上都十分独立的女性认为，从一开始就不要指望"王子"，并在不考虑"结婚"的前提下规划自己的人生。例如，好莱坞女明星朱迪·福斯特就不考虑"结婚"和伴侣的事情，而是在精子库"选择"了素不相识的（天资聪颖、运动能力突出的）男性的精子，接受了人工授精，成了两个孩子的母亲。

像这样没有伴侣而产下儿女的母亲被称为"选择性单身母亲"，或者"计划性单身母亲""未婚单身母亲"。在美国，选择性单身母亲的数量从20世纪90年代初的5万人增长到2008年的15万人。

在日本，选择性单身母亲的数量也在急剧增加，2010年达到13.2万人，与2005年相比增加了48.2%。究其原因，其中之一便是从2005年到2010年，非婚生子女（婚外子女）的出生数量显现出增长的势头。

此外，日本从1947年就开始出现下降趋势的合计特殊出生率[①]在2005年跌到谷底，为1.26，之后有所反弹，在2010年增长至1.39，少子化的势头正逐渐放缓脚步。据说选择性单身母亲数量的急剧增加为合计特殊出生率的增长贡献了一定力量。

---

① 合计特殊出生率指每名女性在一生中所生孩子的平均数量。——译者注

精子库能阻止少子化趋势？

过去，女性未婚产子的事情很难得到社会的认可。现在，取得高学历，在事业上有所成就，并在经济上稳定发展之后，不少女性"不想结婚但想拥有孩子"就成了普遍现象。另外，也有一些事业成功的杰出女性"虽不打算结婚，但想把优秀的基因保存下来"，或"虽然想要孩子，但不想被婚姻束缚一生"（也有男性持有类似的想法）。

在这之中，或许还有渴望家庭但无法信任男性的女性，她们寄希望于与精子库的供精者生下孩子。

在发达国家中，成功阻止少子化趋势进一步发展的无不是婚外子女出生率居高不下的国家。2004年日本内阁府颁布的《少子化社会白皮书》显示，瑞典的婚外子女比例高达56%，丹麦为44.9%，美国则为33.96%。有一些女性认为，如果身处"婚外子女也能健康成长"的环境之中，那么就有生育的意愿。日本婚外子女的比例为1.93%。如前所述，在日本，选择性单身母亲数量的骤增对少子化趋势有一定的抑制作用。

以前，女性成为单身母亲，大多是因为男方出轨。但近来，越来越多的女性开始自行前往精子库和医疗机构，接受人工授精，主动"选择"成为单身母亲。

具备独自一人就能够养育儿女的经济能力的女性，对恋爱的态度十分积极但一提到结婚就踌躇不前、优柔寡断的男性，以及虽然渴望与"命运之人"结婚生子但忙于工作的三四十岁事业型女性——这几类人的数量增加，构成了上述变化的重要原因。单身女性因其单身身份而无法收养孩子，所以对她们来说，异源人工授精就是一种合适的生育方法（无须借助"王子"的力量）。

女性使用异源人工授精并成为选择性单身母亲的目的多种多样。有些女性不把"结婚"与"和男性结为伴侣"这些选项纳入自己的人生规划，还有一些女性并未放弃等待"王子"，但是因为担心再等下去会为时已晚，因此选择了异源人工授精。

像夏洛特这样年过三十的"白雪公主"非常清楚地知道，等待"王子"是有时间限制的。她们还得面对前述的"卵子老化"的事实。如果，"命运之人"始终不现身该怎么办？或者说，在能够生育的时间限制之前，"王子"都不现身的话该怎么办？

在此种情况中，有些"白雪公主"就选择去精子库接受人工授精，以此作为自己人生的"后备计划"。对于想和"王子"结婚的她们来说，这或许并不是"上策"，但至少可以实现自己生子的愿望。

后备计划

"一切都会顺利的！"

在妇产科的一个房间里，佐伊躺在检查床上，双腿高高抬起，热切地祈祷着。她刚刚让医生为她进行了匿名供精者精子的人工授精。（那并不是"爱的结晶"，所以也谈不上多理想……）

经营一家宠物店的佐伊对自己的事业充满信心，但至今还未遇到合适的"伴侣"。

"本来应该结婚生子的，但好像难以实现……所以就启动了'后备计划'。"

恋爱，结婚，生子。这三件事情按照顺序进行才算"理想"，但似乎难以办到，所以至少实现"生子"的愿望吧。与其从无视自己"计划"的男性朋友那里讨要精子，不如从素不相识的供精者那里取得。精子库的提供者是"完美恋人"，他们与活生生的人不同，因为"他们不会背叛"。

佐伊接受人工授精后高兴地离开了诊所。她在雨中没有撑伞，十分畅快。

然而在那天，她遇到了"命运之人"——经营牧场的斯坦。她意识到自己总有一天会真的爱上斯坦，与此同时，却又不得不承认自己的"计划"正在崩塌。人工授精怎么办？她口中虽然说道"反正也没有成功，据说冷冻精子缺乏活力"，但在两人的恋爱关系步入正轨之后，却得知那天的人工授精给她带来了一对双胞胎。

佐伊心中十分苦恼："他是个很特别的人。要是知道我怀孕就糟了。"

接着，她受到为她进行人工授精的医生的邀请，参加了"单身母亲会"，在那里她第一次认识到选择性单身母亲与自己之间的决定性差异。

那些单身母亲如此断言："我们既是单身也是母亲，对这些身份非常自豪。收养养子和人工授精的共同点在于，'渴望拥有孩子，并通过自己的力量来实现'。"

"如果没有男人的话，这是一个方法。"

佐伊无话可说，感到如坐针毡。从一开始，她们就将自己规划为"没有男性"的选择性单身母亲，以及始终如一地将人工授精作为"后备计划"。但对于佐伊来说，成为单身母亲绝非"理想"之事。

斯坦是她翘首以待的"命运之人"。在佐伊和斯坦笼罩在意欲"结婚"的氛围中时，无法忍耐的佐伊终于说出了真相。

"我怀孕了。"

"……父亲是谁？"

"我不知道，因为精子库提供者是匿名供精的。"

"你为什么要这么做？"

"因为我想要孩子。因为我害怕时间限制的到来。"

"你竟然怀着根本不认识的男人的孩子。"

"别说那么难听的话！我只是想要个孩子，而且这事发生在我们认识之前。"

"那我该怎么说？祝贺你吗？"

"我也是下了很大的决心之后才决定这么做的，之后才遇到了你。如果我们继续在一起的话，我的计划就会毁了。我们分手吧。"

佐伊口是心非地向男友提出分手。

"刚交往就成了'双胞胎的父亲'。"

斯坦无法掩饰自己内心的动摇。

向斯坦坦白这件事之后，佐伊在"单身母亲会"上深深地吸了一口气。成员们觉得有些不可思议，于是问道："你为什么动摇了？接受人工授精后立刻就怀孕，这是非常幸运的事情啊。而且还是双胞胎，太棒了。"

"我遇到了一个绝佳的男人，第一次遇到这样的人。我的想法也发生了巨大的改变，觉得'做个全职妈妈也许也不错'，虽然出乎意料，但我遇到了他。就算是舍弃了我的人生计划……我也想和他在一起。我害怕离开他。我该怎么办才好？"

当时的场面有些局促且败兴。成员们困惑地说道："这里是'单身母亲会'。……你和我们身处不同的世界。"

"你还是去参加其他的团体吧……"

（出自电影《后备计划》）

如果佐伊没有遇到命运中的他会怎么样？她的"计划"应该还是"完美"的吧。但现在她能像"单身母亲会"的成员一样讴歌"没有男人"的人生吗？恐怕不能吧。如果她没有意识到生育时间限制的话，应该会更加从容地等待"王子"的登场，再实现"恋爱"和"结婚"的愿望吧。

"身体上的不孕"和"社会上的不孕"

异源人工授精本来是为了男方不育的夫妻而实行的"辅助生殖技术"。将这样的"医疗技术"转用于没有"不孕烦恼"或"不孕经验"的单身女性和女同性伴侣，这样的做法是否妥当？

针对这个问题有各种各样的见解。

例如，有人认为，她们虽然没有经历过"不孕烦恼"，但如果没有异源人工授精的辅助就无法生子。从这种意义上说，这种不孕可被称为"社会上的不孕"，因此有必要通过"医疗"来进行"救济"。这些女性"想成为人母"的愿望与异性夫妻的心愿并无二致。而且，她们虽然并不是基于身体上的原因而"不孕"，但却具备使用供精者精子的社会性理由和个人需求。

此外，在一些人看来，孩子的成长过程需要双亲（遗传学意义上的父亲和母亲），被同性伴侣抚养长大的孩子，其性取向可能会就此受影响。因此为了保护"孩子的福祉"，应该限制使用异源人工授精技术。

现在，在精子库和实施异源人工授精技术的诊所等医疗机构中，拒绝单身女性使用异源人工授精的医生为数不少。与此相对，女同性伴侣正作为"生殖产业"的新顾客日益受到欢迎。近年来，一些国家和美国的一些州认定同性婚姻合法，人们对同性伴侣的认知度逐步上升，身为"夫妇"的他们（或她们）有权生子的观念也日益扩散开来，这可以说是同性伴侣受到"生殖产业"青睐的原因所在。

但是，针对单身女性使用异源人工授精技术的批判之声却依然强烈，这不仅是因为"孩子需要双亲"的观念仍然根深蒂固，还因为单身女性通过异源人工授精技术生子并独自抚养，被认为会助长男性在生育方面的责任心缺失。

如何传达没有父亲的事实？

选择性单身母亲通过人工授精方式生下的孩子，会对"没有父亲"的事实有何感受呢？此外，如果他们希望知道自己遗传学上的父亲的话，应该认可其知情权吗？

一般来说，女同性伴侣如果使用男同性恋朋友的精子，或者养育过去在异性婚姻中与男方所生的孩子，就不必执着于供精者匿名与否。与此相对，选择性单身母亲通常不希望孩子认为供精者是自己的"父亲"，因此不愿供精者的姓名被公开。

但是，孩子在成长过程中会逐渐意识到自己和其他人不同，自己只有妈妈，从而对此产生疑问。当被问到"我为什么没有爸爸"时，单身母亲会如何回答？

美国的"选择性单身母亲会"有一项专为单身母亲孩子举办的活动，即从他们年幼时就告诉他们："虽然你不知道爸爸是谁，但妈妈非常爱你，你是寄托着妈妈的希望而诞生的。"英国有一种名为《我的故事》的绘本，目的是向因人工授精而出生的孩子传达这一信息，此绘本的日语版也随之被创作出来。为了不让孩子对自己的出身感到"羞耻"，并使孩子明白自己是寄托着某人的希望而出生的，这些行动都发挥了重要作用。

像这样向孩子"传达出生真相"的事情被称作"告诉"。人们曾经使用过"告知"这个词，但"告知"一词带有上级向下级单方面地抛出信息的语感，如同审判长宣读判决结果一般。因此，为了体现孩子拥有与成人对等的人格，便以"告诉"代替了"告知"（在"告知"疾病的场合中，近年来类似的问题也开始受到关注）。

但是，即便如此告诉孩子，孩子们对于"爸爸是谁""想见爸爸"的单纯情感也未必能得到满足。如果供精者不是"爸爸"，那么单身女性生下的孩子就没有"爸爸"。如果是不孕不育夫妻使用人工授精，那么养育孩子的"父亲"确实存在；但对于单身女性生下的孩子来说，他们就没有"父亲"。孩子自身对此会如何认为呢？让我们来听听孩子们的声音吧。

"我非常伤心难过。无论是谁都可以追溯至自己的祖父和曾祖父，但我做不到。仿佛有人不允许我那么做，心情太郁闷了。"

在加拿大居住的雪莉·克鲁斯如此说道。她的母亲接受了人工授精，在未婚时生下了自己。因为供精者没有留下姓名，雪莉并不知道自己遗传学上的父亲是谁，所以她说自己一直有一种"缺失"的感觉。她觉得仿佛自己的一半隐藏在面纱之后，一直有难以言喻的负担感。

她猜想，供精者或许是为母亲实施人工授精的医学部学生，于是就一张张研究毕业生的照片，多年来一直在寻找供精者。

主持人向在人工授精儿节目中登场的雪莉·克鲁斯问道："你究竟想知道什么呢？"

"我想知道自己的'另一半'。我对遗传信息很感兴趣，也想知道自己和供精者存在哪些相似之处。"

虽然有很多人工授精儿想知道供精者的身份，但她说"想知道自己的'另一半'"。为了确认自己的身份——自己究竟是什么人、继承了谁的遗传信息，以及自己是何种存在——她想要见到供精者。她想知道供精者是怎样的人，与自己有哪些相似之处，就算只见15分钟也好，她想和他一边喝茶一边聊天。

寻找"兄弟姐妹"

即便见不到遗传学上的"父亲",如果能够见到自己的"兄弟姐妹",那么身份上的空白也能在很大程度上有所填补吧。出于这一想法,寻找用同一个供精者精子受孕所生的"人工授精儿兄弟姐妹登记"的网站由此创立。

在之前提到的"选择性单身母亲会"中,会员间出现了偶然使用同一个供精者精子的状况,这表明她们的孩子是"同父异母的兄弟姐妹"。以此为契机,她们建立了数据库(http://www.singlemothersbychoice.org/),创建了可以查询"同父异母兄弟姐妹"(拥有同一个供精者"父亲")的系统。

无论是单身还是已婚,通过第三方提供的精子、卵子、受精卵来生下"孩子"的父母都能访问这个数据库,他们也可以通过这个数据库了解同一个供精者所生的其他孩子(即兄弟姐妹)的所在地。这为因人工授精而诞生的孩子寻找其遗传学上的父亲(供精者)提供了帮助。该数据库还鼓励父母提供供精者信息,上传提供人工授精服务的诊所名和地址,孩子的姓名、性别和出生日期等信息。

此外，住在美国科罗拉多州、靠人工授精生子的女性及其儿子创办了"供精者兄弟姐妹登记"网站（http://www.donorsiblingregistry.com/）。使用这个网站的人可以跨越国境，与其他国家的人工授精儿兄弟姐妹相匹配。

时年两岁半的艾伦问妈妈："我爸爸死了吗？"对此，妈妈克莱默诚实地回答："你没有爸爸。妈妈非常想要孩子，于是接受了医生温柔的帮助，生下了你。"

在此之后，艾伦仍没有放弃，多次说"想知道遗传学上的父亲"。为了答应儿子的要求，克莱默让他亲自给精子库写了一封信。虽然并没有收到任何答复，但她给精子库打电话的时候，对方反馈说："还有别的孩子用了同一个供精者的精子。"

"儿子有兄弟姐妹！"对于这对母子来说，这个结果出乎意料。

"也许对方也想知道我的故事。"2000年，他们在网站留言区写下了想要寻找同样通过人工授精诞生的兄弟姐妹的信息。

在最开始的两年，只有37人注册该网站。但随着媒体的不断曝光，注册人数不断增加，甚至在2003年成立了专用的网站。只要输入所用精子库的名称和供精者的编号，就能在该网站完成注册。如果用户中有人使用了同一个供精者的精子，那么在注册时就会显示其有兄弟姐妹。如果供精者注册该网站，那么这个网站就会判明他是某个孩子遗传学上的父亲。截至2006年10月，据说已有7000人在该网站完成注册，其中有2500多组"同父异母兄弟姐妹"。

对于一直为自己的身份感到苦恼的孩子而言，这就像是眼前一亮般的惊喜吧。他们因没有父亲而感到有所缺失，却突然成了人工授精儿家庭这一"大家族"中的一员。

另外，通过这些网站可以得知，一个供精者的精子最多可用于10个孩子受孕等精子库方面的说法纯属胡言。2011年9月，通过"人工授精儿兄弟姐妹登记"这个网站，某个母亲才得知自己的儿子竟拥有150个"兄弟姐妹"的真相。

那么，供精者如何看待这种情况呢？

在下一章中，我将把重点放在供精者本人的心境上。

第三章 想知道自己的"另一半"！
——在生殖产业中诞生的孩子

供精者眼中的人工授精儿是什么？

为了实现"想拥有更多发量"的愿望而去"植发"，与为了实现"想成为父母""想要孩子"的愿望而接受"生殖治疗"的根本性差异在于，后者将会创造新的人格，即孩子。利用生殖技术生下"孩子"的父母们，应该向孩子传达这一事实吗？

在前一章选择性单身母亲的案例中，艾伦的母亲"告诉"了艾伦他"没有父亲"这件事。但如果是夫妻用人工授精技术生下孩子的话，孩子就有法律上的父亲，这个父亲也会把孩子当作自己的亲生儿女一般抚养。与此同时，法律上的父亲与提供精子的"遗传学上的父亲"就会构成"有两个父亲"的状况。

在这里，让我们稍微发挥一下想象力。人工生殖中的供精者是什么样的人？对于他们来说，依靠自己的精子而诞生的孩子又是怎样的存在？

本章将从供精者的视角出发，聚焦于作为"不孕不育治疗"方法的人工授精的发展现状，以及通过此种技术诞生的孩子们的处境。

"你是533个人的父亲"

有一部名为《超级精爸》的加拿大电影。

大卫·沃兹尼亚克是一个在父亲经营的肉铺里工作的单身男性。他因生意失败而欠下了大量债款，面对女性也虚情假意，结果完全失去了女友瓦莱丽的信任，可谓一个跌入人生谷底的中年男性。

相隔许久后，大卫前去看望瓦莱丽，瓦莱丽告诉他自己怀孕了，这让大卫大吃一惊。但是，瓦莱丽并不打算指望大卫，她打算成为单身母亲。面对对孩子感到不知所措的大卫，他的朋友们建议他"打掉吧""你没法养育孩子的"。彻夜未眠的一夜过后，大卫下定决心"要成为一个可靠的父亲"，但一个从未见过的律师突然出现在他的面前。

"您是大卫·沃兹尼亚克先生吗？"

"从1988年到1990年，您以'斯塔巴克'（Starbuck）这个名字提供精子了吧。"

大卫觉得自己背上冷汗直流。

"23个月里共提供了693次——一共获得24255美元的报酬。您提供的都是非常优秀的精子。"

律师没有任何情绪波动，以一种公事公办的态度继续说下去。

"麻烦的是，在一定的时间内，这些精子全被用于治疗患者了。结果533个孩子因此诞生，其中有142人正在寻找父亲。"

大卫简直不敢相信自己的耳朵。

"你是533个人的父亲。"

他一时语塞，目瞪口呆。

"在提供精子的时候，您签了保守秘密协议。虽然医院方面有义务保密，但一些孩子起诉保密协议无效。"

竟然有人用自己的精子生下了"孩子"，但自己可能无法成为女友孩子的"父亲"了……

对于捐过精子的大卫来说，这是他万万没有想到的事情。当然，医院方面事先向他说明了这些精子将用于人工授精，这一点也得到了他的同意；如果参加供精项目的话，将来可能有5个乃至10个自己的孩子诞生，他对此也非常清楚。但是，没想到这真的成了现实。对于供精的男性来说，他们在提供精子的时候恐怕难以想象，自己的精子创造"孩子"以及这些孩子长大成人的景象。

　　大卫找到自己20多年的挚友兼律师商量对策。

　　"693次，每次提供精子时都签订了保密协议吗？"

　　"对，每次都签了协议。"

　　"原告说'孩子的基本人权比供精者的隐私更重要'，这可麻烦了。"

　　　　　　　　　　　　　　　　　（出自电影《超级精爸》）

精子也会老化

各位读者想必已经知道大卫身上究竟发生了什么样的事情吧。没错，他在学生时代供精多达693次。因为医院在某一段时间内只用他的精子进行人工授精，所以正如那个律师所说，在大卫并不知情的情况下就已经有533个他的孩子诞生了。

或许有读者还没有完全理解这件事。为何医院会使用大卫的精子？这就不得不说被称为异源人工授精的生殖医疗技术。

"异源人工授精"通常被解释为"非配偶人工授精"。"非配偶"意味着采用的精子和卵子不完全来自夫妻双方，一般使用妻子的卵子和第三方供精者的精子来进行人工授精，并孕育孩子。具体来说，就是用滴管形状的工具，人为地将丈夫以外男性的精子输送到妻子的子宫（或输卵管）之中。

为什么许多夫妻要用陌生人的精子来"造子"呢？

据说，异源人工授精是世界上最早的生殖医疗技术，当丈夫的精子出现问题无法孕育孩子时，就会利用第三方的精子来创造孩子。虽然通过这种方法降生的孩子与丈夫没有血缘关系，但孩子确实继承了妻子一方的遗传基因。为了能够和丈夫产生一定的血缘关系，也有人使用丈夫的父亲或兄弟的精子来接受人工授精。

近年来，随着"卵子老化"日益受到关注，人们对"男性不育"的了解也逐渐增多。男性不育的代表性原因之一是无精症，此外则是"精子老化"。

曾经有"男性直到70岁也可以生育"的说法，但实际上男性精子的质量在35岁时达到顶峰，之后逐渐"老化"，只不过其老化速度不如卵子那样迅速。

1980年，"生殖选择资料库"（Repository for Germinal Choice，1980—1998年）在美国加利福尼亚州成立，这个精子库只收集诺贝尔奖获得者或智商180以上男性的精子。这是首个从优生学角度建立的精子库，一经成立就成为社会上热议的话题。

但是，最开始利用诺贝尔奖获得者的精子来完成人工授精的女性却始终无法妊娠，这让精子库的创始人罗伯特·格雷厄姆感到十分苦恼。观察精子的状况后，原因一目了然。原来，诺贝尔奖获得者大多已是高龄，在显微镜下，他们的精子已经丧失了活力。丹麦有供精者的年龄上限是45岁的规定，这可能也是因为意识到男性的年龄与生殖能力密切相关。

当"男性不育"时，如果有条件的话，采集男性的些许精子通过显微镜就可以得知其状态。但如果无法实现的话，利用第三方精子来生子的异源人工授精就成了另一种选择。

日本庆应义塾大学的精子提供

日本第一个人工授精儿诞生于1949年。当时，这条新闻在社会各界掀起了波澜。有人认为，如果国家选择一些优秀的科学家，将其精子提供给希望得到精子的单身女性，是否就可以塑造世界顶尖之人（优生学中的理想之人），从而达到人种改造的目的？有人就此提出异议，将妻子使用丈夫以外男性的精子来怀孕并生产之事称为"通奸"，批判其"亵渎医学"。另外有人担心，这样做会在夫妻之间造成矛盾，也会带来遗产继承方面的纷争。

在这之后，据说以日本庆应义塾大学作为优生中心，至今已有超过1万名孩子在这里通过人工授精降生。在法学部有识之士的帮助下，庆应义塾大学按照以下自主规定实施了人工授精：

（1）不能选择除供精者血型之外的条件。因为孩子是丈夫的实际孩子，所以应选择与丈夫血型相同的供精者，但除此之外的条件，例如容貌、学历、兴趣爱好等不能选择；

（2）不能泄露供精者的名字（供精者均为庆应义塾大学学生）；

（3）为了避免近亲结婚，使用同一个供精者的精子受孕人数有数量限制。

此外，为了防止精液传播传染病，如肝炎和性病等，供精者还必须接受病毒检测。

在现在的日本，异源人工授精已成为既成事实，曾经的"通奸""人体实验""违反伦理"等批判声已销声匿迹（其实有的人工授精儿表示"不想通过人工授精的方式诞生"，后文将详细讨论这一点）。有统计结果显示，通过人工授精产下的孩子平均智商较高。之后，希望得到比自己丈夫更加优秀的精子，并接受人工授精的女性数量有所增加。

学会在1997年发表了与异源人工授精相关的"会告"（即指导意见），并于1998年开始公开发布实施成果。报告显示，每年有100—200名异源人工授精儿出生。

"父子关系"指的是什么？

对于丈夫来说，如果没有充足的心理准备，恐怕难以下定决心养育与自己没有血缘关系的"孩子"吧。

在这之中，有的男性认为如果不能"确认"孩子和自己有遗传学上的关系，就无法构筑起亲密的父子关系。在集中看护新生儿处工作的护士告诉我，最近越来越多的丈夫在妻子分娩之时要求医院"检测孩子的血型"。面对丈夫提出的"不要告诉妻子"的请求，护士也感到十分为难。如果结果显示孩子的血型和丈夫的血型不相符的话，丈夫可能就会激动地喊道"这不是我的孩子"，岳母听到后也会反驳"我女儿绝不可能做这种事"，于是在医疗工作者眼前就会爆发激烈的争执。

当然，孩子的血型属于个人信息，至少在"不要告诉妻子"的前提下私下检测孩子的血型事关保密义务，因此护士会感到非常棘手。也有护士或医生表示："新生儿的血液中夹杂着母亲的血液，无法明确血型，所以我们不确定是否能进行正确的判断（这是事实）。"找一个类似借口避免对新生儿血型进行检测，于是便能当场拒绝丈夫的要求。

想要确认与孩子血缘关系的"父亲"在现实中并不少见，而对于那些打算利用异源人工授精以外的方法来"成为父母"的人来说，还有"不要孩子""收养孩子""尝试显微授精"等多种选择。有些夫妻无法接受没有孩子的生活，因年龄限制和等待时间过长而不得不放弃收养的念头，考虑到"显微授精"的高昂成本及其给妻子身体带来的风险和负担，他们最终选择了异源人工授精这条道路。

被"出口"和"进口"的美国精子

大卫获得了提供精子的"报酬"。在没有相关法律规定的美国，市场机制比较容易渗透生殖过程。由于精子的冷冻技术很早之前就已完善，维持冷冻精子的"活性"也成为可能，因此从早期开始，精子的空间性移动就成为现实，作为"物品""商品"等被"出口"和"进口"，进入流通市场。

大约从20世纪70年代起，买卖精子的商业性"精子库"开始登场。精子库最开始的客户是因丈夫患无精症等疾病而无法正常生育的异性夫妻，但到了20世纪90年代，随着"显微授精"这一技术面世，只要将一个精子送入卵子就能完成受精，因此光顾精子库的异性夫妻数量大幅减少。女同性伴侣和单身女性构成了精子库新的客户层，取代了之前的异性夫妻顾客（详情参见第六章）。

美国拥有较长的精子库历史，人们逐渐意识到对其进行规制的必要性，因此美国食品药品监督管理局（FDA）开始对供精者是否患有性传染病等疾病进行检查，并规定在冷冻保存6

个月之后，只有安全性得到确认的精子才能被使用。

现在，据说美国共有20多家精子库，在这之中特别值得关注的是在加利福尼亚州成立的非营利组织"加利福尼亚精子库"。它设立于1982年，是全美第一家精子库。它由美国食品药品监督管理局对其进行管理，确保其不以商业为基础来运营。

这家精子库为供精者与客户双方提供咨询服务，并在世界上首次公开供精者信息。细化的供精者信息包括身高、体重、血型、皮肤、瞳色、发色和发质等详细情况。因为也有女性使用该精子库中的精子在自己家中进行"自助授精"，所以这个精子库也为其提供了图文并茂的使用说明书。

精子库的客户中有三分之一是女同性伴侣，其余的则是单身女性和异性夫妻。对于使用了同一供精者精子之人，精子库也留存了这些具有血缘关系之人的联系方式。

保护供精者的隐私（保守秘密）

大卫说自己提供精子的时候与医院方面签订了"保密协议"。为何供精者要签署"协议"隐藏自己的身份呢？

第一个原因是，"想要保护自己的隐私"。一般来说，许多供精者也有自己的家庭，他们担心通过人工授精生下的孩子来"认亲"，或者干涉自己的家庭生活，因此希望切断自己与孩子之间的关系。还有人对捐精一事本身感到难以启齿。

大卫很难向女友坦白自己伪称"斯塔巴克"来捐精的事情。他害怕女友得知真相后，需要花费很长时间才能消化这一事实。

那么，到底为什么要捐精？当大卫被问这个问题时，他坦承自己是"为了钱"。

当时，他为了实现时日不多的母亲的梦想（去意大利旅行），急需筹措大量金钱，因此走上了不断供精的道路。

或许读者会想，为什么他能够如此轻易地多次供精。从医院的角度来说，供精者的人数总是满足不了需求，还有许多等待着提供者精子的夫妻。许多人需要借助他人的精子来生育，这也是现实状况。

供精者的隐私能被保护到何种程度？

让我们回到"保密"的话题。

对于医院来说，为了鼓励像大卫这样拥有"优秀精子"的供精者来提供精子，就有必要对其信息进行保密。因为如果不保护其重要信息，供精一事就会变得难办，供精者的数量也会减少。日本的医生从供精者数量减少这一担忧出发，对认可"孩子有权知道自己出身"（即公开供精者的身份）一事表示反对。本来供精者就不多，特别是从20世纪90年代中期开始，希望接受人工授精的人逐渐增加（致使供不应求），日本庆应义塾大学开始采用抽签方式。如果中签，医院就会将盖了印章的纸装入密封信送至病人家中。当然，半年都无法中签也是常有的情况。

同时，患者一方也非常反对公开供精者的信息。接受异源人工授精的议员野田圣子同样反对孩子拥有知道自己出身的权利，并表示"应该也对供精者的权利加以考量""如果通过人工授精而降生的孩子会来造访自己的话，那么这些提供精子的人可能就会对捐精一事有所犹豫"。如果无法保守供精者的"秘密"，他们的数量就会减少，反而会让那些需要精子的"患者"陷入困境。

接受人工授精的夫妻本身也不想让供精者影响自己的家庭。由于许多父母并不把人工授精的事实告诉孩子，许多孩子会以父母亲生儿女的身份"正常"成长。在日本，捐精原则上以匿名的形式实行，也会暗中使用医学生的精子。

此外，在接受人工授精之前征得患者知情同意的方式也存在问题，这一点在最近几年才被揭露出来。

一位女性在得知丈夫罹患无精症，且二人无法顺利收养养子后，苦恼再三，最终接受了丈夫提出的人工授精的建议，但她却因初次诊断过于草率而大惊失色。

丈夫一脸平静地说："我希望如此（人工授精）。"在对医生表明了这个意向之后，对方说道："请在协议书上签字。"没想到居然如此简单。在简短说明之后，医生进一步说道："提供精子的都是大学里优秀的男性。"在接受治疗的时候，医生多次叮嘱这位女性："还是不要和父母及兄弟姐妹说这件事为好。"

在接受治疗的女性当中，据说有些人在检查后被护士长叫到隐蔽的楼道，被告知最好不要说出接受人工授精的事情。为此一些女性"切身"感受到内心的不安，仿佛这是"不能为人所知之事"。

（出自歌代幸子《精子提供》）

因此，无论是通过人工授精产子的夫妻、实施人工授精的医疗机构，还是供精者自己，"保守秘密"都成了对他们的要求。

但是，这里还缺乏人工授精儿的视角。对于以这种方式诞生的孩子来说，不知情意味着什么？直到最近，这个问题才开始受到关注。

异源人工授精儿的秘密

在"治疗不孕不育"的医疗现场，无论是医务工作者还是患者夫妻都只关心怀孕和生产的事情。但有人指出，在这个孩子成长至青少年的时候，医生和父母亲却很少考虑要不要告诉孩子人工授精的事情，以及如何告诉孩子等问题。有些医生似乎会说："把孩子抱在怀中的时候，就已经完全忘记了'治疗'的事情。"但对于当事人夫妻及孩子来说，逃离现实未必是一条正确的道路。

在日本庆应义塾大学通过异源人工授精而诞生的一位男性（已公开真实姓名）认为，异源人工授精的"第一个问题就是由此出生的孩子被迫承担着巨大的精神负担"，即"无法得知遗传学上的起源，并且双亲意欲向孩子隐瞒真相"。（《每日新闻·论点》2013年3月17日）

不知道自己的起源，也就不知道自己继承了何人一半的基因，这对于异源人工授精儿来说意味着"不安"和"缺失"。这位男性如此说道："我不知道我是谁，从哪里来。我觉得自己仿佛是从黑暗中被释放出来的，内心分外不安。我本能地想知道自己的父亲是谁。如果能找到遗传学上的父亲，或许就可以填补自己缺失的另一半。所以，我希望父母能够将人工授精这件事准确地告诉孩子，也希望有能够找到亲生父亲的方法。因为我不想看到以这种方式诞生的孩子和我经历同样的痛苦……"

另一个问题是"双亲意欲向孩子隐瞒真相"。在孩子看来，这意味着与父母的关系以及自身身份认同的崩溃，甚至还是对孩子自身存在的否定。通过异源人工授精诞生的一位女士说道："对于以此种方式降生的当事人来说，父母不向孩子说真话才是最大的问题。出身象征着与本人根本相关的'地基'，个人在'地基'上不断积累经验，实现自我成长。但是，这就像突然有一天，'地基'的一部分发生了变化，至今为止积累的人生经历全部崩塌了。"

这是因为父母自身也没有对这一选择持肯定态度。如果孩子认为父母想要隐藏这一事实，那么孩子可能就会觉得自己的存在不被认可。

此外，在得知自己是通过人工授精而诞生的孩子们之中，有人是在弥漫着莫名紧张感的家庭氛围中成长起来的——"父母在隐瞒着什么事""好像有哪里不对劲"。

一位女性在得知了自己是通过异源人工授精而生下的事实

之后，心中想"果然如此"。

我在家里一直有一种"有点奇怪"的感觉。小孩的认知范围只限于家庭之内，但还是能感受到某种沉重的氛围……

对于与父亲没有血缘关系一事，我的想法是"啊，果然是这样"，因为我觉得自己和父亲没有丝毫相似之处。我弄清了这件事，并意识到其他的也都是谎言。我觉得眼前的一切现实都在分崩离析。

我从很小的时候就觉得奇怪，但现在觉得仿佛拼图上的碎片都回归原位了。对于37年来遭受欺骗的事情，我感到十分愤怒，但与此同时，我也有一种被解放的感觉。

（出自歌代幸子《精子提供》）

不是为了解决不孕不育，而是为了"隐藏"不孕不育

如前所述，日本的医生会对接受异源人工授精的夫妻说"还是不要说出去为好"。男性不育是会动摇男性自尊心的"可耻"之事，用他人的精子来生子会被注重血统的社会看作"抬不起头"的事。基于这些传统观念，孩子被认作"丈夫之子"就变得非常重要，孩子如果知道自己与父亲没有血缘关系，可能就无法获得幸福。

这种"想法"确实给孩子的人生蒙上了一层阴影。

问题在于，异源人工授精不是为了解决不孕不育，而是为了"隐藏"不孕不育而使用的一种技术。即便表面上看起来像血浓于水的家人，但值得珍视的信赖关系已遭到损伤。如果有隐瞒的事情，还能建立起真正的亲子关系吗？我认为，如果孩子想要知道事情的真相，就应该认真地把真相告诉他们，构建起这样的诚实关系也是为了孩子着想。

（出自歌代幸子《精子提供》）

而且，基因分析技术的不断发展使孩子能够提前知道父母等亲属的遗传性疾病，从而可以掌握自己未来有可能面对的风险，并对此进行预防。这一点也是主张孩子有权知道自己出身的论据（美国演员安吉丽娜·朱莉在此前接受基因检测时得知自己患乳腺癌的风险很高，为了降低患癌概率，她于2018年切除了自己的双侧乳腺）。

在人工授精儿之中，也有人无法忍受自己是由他人的"精子"孕育而来的想法，他们想要确认那里有"人"的存在。

在那之前，我一直有种不是真正的自己的感觉。我非常讨厌自己是因人工授精而诞生的，也厌恶自己是由母亲和他人的"精子"创造出来的。之所以想要知道供精者的身份，是因为我想要切身感受到，生命诞生的现场有确实的"人"存在。

（出自歌代幸子《精子提供》）

这种渴望恐怕只有和实际的"人"——供精者见面并交谈，才能得到满足吧。

孩子的知情权

长大成人的异源人工授精儿开始发声，他们认为知道精子或卵子提供者的身份是自己"基本的人权"。对此，有一些国家开始同意公开提供者的信息。

走在全世界前列的瑞典于1984年通过了人工授精法，并从1985年开始施行，这部法律承认异源人工授精儿具有知道自己出身的权利。挪威、荷兰、英国、芬兰、新西兰等国家也在进入21世纪之后通过并施行了类似法律，认定借助他人的精子或卵子而诞生的孩子有权知道提供者的身份。

在瑞典，人工授精法废除了对提供者信息保密的规定。这部法律规定，通过人工授精诞生的孩子在年满18岁时可以获得提供者姓名及住址的信息。这部法律施行之后，瑞典国内供精者的数量骤减，寻求人工授精治疗的夫妻也要等待更长的时间。

为寻找供精者，瑞典人不得不因此前往认可匿名捐精的邻国丹麦，这被称作"生殖旅行"。在丹麦，利用异源人工授精的夫妻可以选择匿名的精子或非匿名的精子。

长大成人的异源人工授精儿开始主张自己具有"知晓出身"的权利，根据在于《儿童权利公约》第七条第一项"儿童有……尽可能知晓亲生父母并受其照料的权利"，以及《欧洲人权公约》第八条"私人及家庭生活的权利和自由必须受到尊重"。

在提供者身份公开行动日益高涨的同时，供精者的来源构成发生了巨大变化。在瑞典，从前有许多手头紧的年轻大学生和士兵捐精，但在人工授精法实施之后，供精者的年龄层有所上升，越来越多已婚男性也加入了这一队伍。

向孩子隐瞒真相的父母

通过异源人工授精生子的父母如果不向孩子道明事情的真相，孩子自然无法行使"知情权"。实际上，许多父母都选择不把这个事实告诉孩子。

社会学家认为，使用此项技术的父母应该尽早把事情的真相告诉孩子。但是，他们大多不会让孩子知道这件事情，无论在哪个国家这都是现实情况。调查结果显示，在庆应义塾大学接受人工授精的夫妻之中，认为"如果可以的话想把这件事告诉孩子"的人所占比例不超过1%。

瑞典自1985年开始实施人工授精法，当年出生的异源人工受精儿到2003年，已满足可以获知提供者的信息（姓名和住址）的年龄条件（年满18岁）。但直到2010年，似乎还没有出现要求获得提供者相关信息的人。这是因为孩子自身觉得没有必要了解提供者的身份，还是父母并没有把人工授精一事告诉孩子？这个问题引发了热烈讨论，但大多数人认为父母没有告诉孩子此事的可能性更大。

在日本，异源人工授精儿也开始表达自己的心情。据说，他们得知"事实"的契机在于家庭中发生了某些不幸的事情。

例如，父亲患了某种遗传性疾病，孩子在担心"自己说不定也会遗传这种病"的时候，母亲却说"你和父亲没有血缘关系，所以没关系的"。还有人是在父母离婚之际才知晓，孩子本身就已被卷入父母离婚纷争的旋涡，还被告知自己是通过人工授精而出生的，结果遭到了双重"打击"。

想要向孩子原封不动地传达"真相"的夫妻（以及伴侣、单身母亲）通常是在全家人感到非常"幸福"的时候将事实告诉孩子，如孩子过生日或全家旅行时。这些父母会向孩子坦诚地表示，人工授精既不应该被隐瞒，也不应该被视作可耻之事，他们从内心深处渴望孩子，在孩子诞生之前就已对其充满了爱恋。

日本也有由接受人工授精的父母组成的互助小组，针对因不知如何告诉孩子真相而感到苦恼和迷茫的父母，那些已经如此做的父母会分享自己的亲身经验，以支持其他父母向孩子传递"真相"的意愿和决心。

"斯塔巴克的142个孩子"要求公开供精者身份并为此发起诉讼，他们在周末相聚于湖边，享受了足球和烧烤带来的快活时光。他们都是用大卫的精子生下的"同父异母兄弟姐妹"。有人认为，异源人工授精儿即便找不到自己生理学上的父亲，但如果能够认识自己的"兄弟姐妹"，这在一定程度也能弥补他们身份上的缺失。这些"兄弟姐妹"确认了他们之间的遗传学关系。

那天晚上，这些人围坐在巨大的篝火旁，其中一人说道："我很爱养育我的父母和家人。大家可能同样如此吧。不过，这真是个快乐的周末。这对没有这种家人的人来说太不公平。"

父母没有把人工授精的事实告诉孩子，根本不知道自己出身情况的孩子还有许多——"不公平"大概是出于对此事的不满。但具体是对谁不满呢？对没有告诉自己真相的父母不满吗？还是对执着于为提供者"保密"、劝说父母"保密"的医生不满呢？

全新大家庭的诞生

那么，大卫在那之后是怎么想的呢？

律师交给他一个厚厚的信封。

"这是？"

"原告团142人的简介。他们都是你的孩子。"

"不是我的。"

回家后，大卫立刻把信封丢进了厨房的垃圾桶里，但它的存在过于显眼，大卫无奈只能捡了回来，并打开了信封。他闭着眼睛，仿佛抽签一般抽了一张纸出来。

"还是没能禁得住诱惑。"

他偷偷地睁开眼睛，看到简介的一刹那，他呆若木鸡。

这个青年的名字是里恰尔多内·多纳泰利，他是一名无人不知的足球运动员。

大卫和朋友一起去看里恰尔多内的足球比赛，并且全力支持他。甚至在看到他漂亮的射门后，大卫还高兴地蹦了起来。

"职业足球运动员继承了我的DNA！""这就好像我的分

身在决赛中进球一样！"

看完这份简介后，大卫从信封里一张张地拿出简介，开始浏览。每个孩子都在努力生活着，他们奋斗的姿态打动了大卫，大卫开始为孩子们的幸福和成功贡献一份力量。有时，他会代替渴望成为演员的青年在酒吧里做兼职调酒师，让青年能顺利参加选秀。有时，他会帮助吸毒女孩洗心革面，还会每天晚上去地铁通道聆听街头歌手的演唱。

后来，大卫终于下定了决心。他在自家的电脑上写了一些致媒体的邮件，说明自己是"斯塔巴克"。看到这些邮件后，诸多媒体同时把这条临时新闻播报出去。

大卫因忙于诉讼之事而和怀孕的恋人瓦莱丽断了联系。在此之后，大卫去瓦莱丽家里找她，瓦莱丽却没有应答。大卫觉得有些奇怪，就在玄关前转来转去，想要一探究竟，此时一辆救护车来了。瓦莱丽似乎将要早产。

瓦莱丽被送到医院生下了孩子，大卫抱着这个可爱的小婴儿，坐在已经睡着的瓦莱丽身边。不知不觉之中，他已经在瓦莱丽的身旁睡着了。

"大卫·沃兹尼亚克先生，有人找您。"

听到这句话的大卫瞬间睁开了眼睛。

大卫走向医院的大厅，突然间听到了一阵鼓掌声。他大吃一惊，停下了脚步，眼前是许多年轻人（斯塔巴克的孩子们）

在大厅里熙熙攘攘的景象。欢呼声震耳欲聋。站在人群最前面的是他的父亲及两个哥哥。

父亲问："小婴儿还好吗？"大卫点了点头。

"那么从明天开始就去上班吧。"

父子两人紧紧地拥抱在一起。两个哥哥也加入了他们。接着，当场又有数十个"孩子"围住他们。大卫及其父亲和哥哥，以及数十个"孩子"形成了巨大的拥抱之环。注意到此事的父亲和哥哥环顾四周并说道："有点奇怪啊。"大卫的嘴边泛起了一丝苦笑。

"稍等一下。"大卫离开了这个拥抱之环，接着走向"孩子们"。

"我是大卫·沃兹尼亚克，也就是你们遗传学上的父亲。现在你们的弟弟也诞生了。虽然是早产，但很健康。"

"我们能看看他吗？"孩子们问。

"这么多人？"

大家当场笑了出来。

这正是生殖医疗技术带来的全新大"家庭"。

【专栏2】死后生殖

针对序章所说的"死后生殖",各个国家是如何应对的呢?

例如,在英国,如果丈夫在生前同意进行死后生殖,就可以在过世后被登记为孩子的父亲,但法律并不承认孩子具有继承权。荷兰、加拿大、西班牙等国家同样以丈夫生前同意为前提认可死后生殖,但可行的期限是去世12个月内。而丹麦、德国、瑞士、法国、意大利等国家则禁止死后生殖。

日本虽然没有对此作出法律规定,但日本妇产科学会将辅助生殖技术限定在具有婚姻关系的男女之间(夫妻之间)。因此,在夫妻一方亡故的时候,婚姻关系将自动解除,因而无法实行辅助生殖技术。2007年,有人提出在当事人死亡时废弃其冷冻精子的观点。

但即便医生同意实施死后生殖,如果父亲与孩子之间的父子关系遭到否认,且孩子无法取得继承权的话,由此诞生的孩子的身份和权利也会遭到限制。因此从"孩子的福祉"这一观点来看，死后生殖还会遗留许多问题。

此外，有人认为如果孩子在出生之时就没有遗传学上的父亲，也存在很大的问题。如第二章所述，"不结婚"（没有丈夫）就生下孩子的单身母亲数量正在日益增加，但是否能就此断言"这样的孩子会变得不幸""还是不要生为好"？

而且，关于死后生殖这一主题应该讨论的问题是，丈夫是否同意在死后使用自己的精子生下孩子，以及用已故之人的精子产子是否符合妻子的意愿（即知情同意的问题）。

一方面，如果丈夫在生前同意死后生殖，就必须在其奄奄一息之时确认其意愿，但在丈夫骤逝的情况下，有时无法确认丈夫的意愿。另一方面，也很难确认妻子是否愿意用已故丈夫的精子来产子。为了延续"家族"，妻子可能会被施加生下已故丈夫之子的压力，从而沦为"生子的工具"，或者妻子为了在"家"中确保自己的地位和存在意义不受动摇，也会产生生育亡夫之子的念头。

那么，使用冷冻胚胎（夫妻的受精卵）的死后生殖情况又如何呢？

在生殖医学技术高度发达的以色列，如果丈夫死亡，在其死亡一年内妻子可以将夫妻的冷冻胚胎移植到子宫中（需要社会工作者的许可）。此外，在妻子死亡的情况下，如果得到了本人生前的同意，就可以将冷冻胚胎移植到其他女性的身体中，请后者代为生产。

印度的一家代孕生产中介公司创办了专门面向日本人的网站。该公司声称，如果将冷冻胚胎用快递寄到印度，就可以让印度的代孕母亲怀胎，届时再把"健康的婴儿"送回日本。

失去了儿子与儿媳的父母或许还能将他们的冷冻胚胎送到印度，再请人代为生产"孙辈"……这样的想法似乎并非异想天开。

第四章 能选择基因的时代是幸福的吗?
——基因分析技术和着床前诊断

如果在诞生之时就能知道寿命

在未来——

如果"孩子"不通过正常的方式诞生，那么检查并"选择"受精卵的基因也成为"寻常之事"。

电影《千钧一发》的主人公文森特的父母故意没有"选择"基因，而是希望"自然"地生下孩子。对于这个决定，文森特如此回顾："作为父母之爱的结晶诞生在这个世界上的孩子是非常幸福的，这不过是老话了。为什么母亲在生我的时候没有寻求基因学者的帮助，而是听天由命呢？从前，孩子只要平安生下来就好了，但今非昔比。如今是一个婴儿诞生几十秒后就能确定其预期寿命和死亡原因的时代。"

　　20××年，在一家医疗机构的分娩室里，文森特的母亲即将迎来生产的时刻，她的丈夫站在身旁。她忍受着几度袭来的阵痛，最终竭尽全力生下了心心念念的儿子。医生们刚一取出哭声嘹亮的小婴儿，就从其脚上采集了血液并放入基因测序仪。"检测结果"立刻就弹了出来。医生开始朗读打印出来的数据："神经性疾病的发病率为60%。躁郁症的发病率是42%。缺乏注意力的可能性是89%。（稍微犹豫之后）心脏病的发病率是99%。……可能时日不多。预期寿命是30.2岁。"

　　站在分娩室里的父亲听到后一时无言。

　　"只能活到30岁吗……"

　　母亲则沉浸于终于见到自己孩子的喜悦之中，怜爱地抱着他说道："肯定会成为了不起的人的。"

（出自电影《千钧一发》）

　　父母将决定权交到"自然"手中，文森特自出生来心脏里就像放了一颗"炸弹"，不经意间就会流鼻血或发热，一年到头总在生病，体质非常虚弱。即便父母能在文森特出事时赶去学校，但学校还是因难以承担风险而拒绝接收文森特。

　　也许是不想再遭受此类痛苦，文森特的父母决定像其他父母一样用"寻常"的方法再生一个孩子。这就是检查受精卵情况的"着床前诊断"。

着床前诊断

着床前诊断是指在受精卵的阶段对孩子的疾病、性别、白细胞形状等进行诊断的技术。如果根据诊断结果来选择移植到子宫里的胚胎（受精卵）的话，就能避免孩子在出生时带着重大的遗传性疾病。甚至在长子需要移植骨髓的情况下，着床前诊断可以让夫妻生下符合供体条件的孩子。着床前诊断也被称为"受精卵诊断"（即胚胎植入前遗传学诊断，与此相对，2012年被媒体报道的"新型"着床前诊断指"着床前基因筛查"，后文将对此进行阐述）。

着床前诊断与体外受精技术和基因分析技术密切相关。具体来说，在将由体外受精产生的受精卵移植到子宫之前（着床前），从受精卵中取出一部分处于细胞分裂（分裂为4个或8个）状态中的细胞，并对其基因和染色体的变异进行检查，这就是着床前诊断技术。如果发现胚胎确有遗传性疾病因子或染色体异常的现象，就不会被移植到子宫里，而是直接丢弃。保证只把健康的胚胎移植到子宫中，能避免生下有缺陷的孩子

（见图3）。

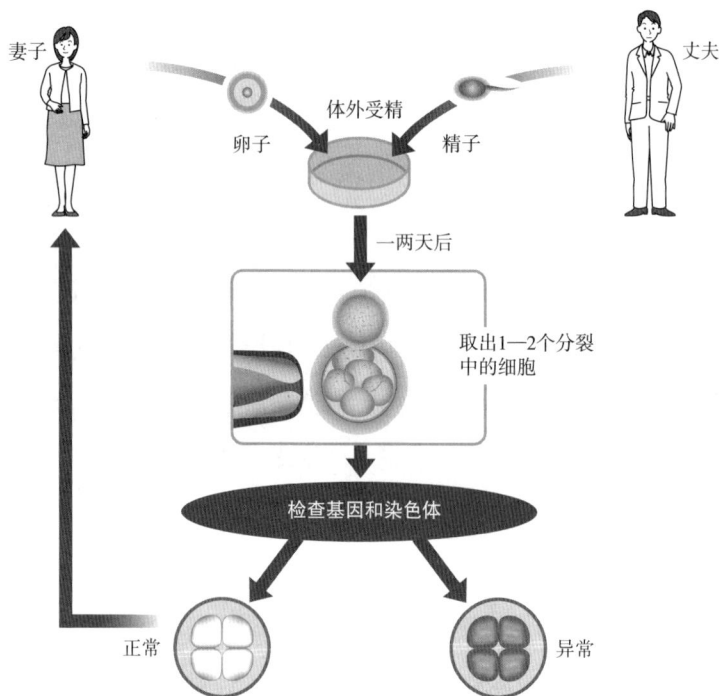

图3 着床前诊断的顺序

据报告，首个利用着床前诊断的案例出现在1990年，使用这项技术的夫妻在1992年生下了第一个孩子。在20世纪90年代，开始实施针对假性肥大型肌营养不良等诸多遗传性疾病的着床前诊断。1998年，着床前诊断被运用于"预防"染色体平衡易位所引发的习惯性流产。此事一经报告，这项技术的适用范围就大幅扩大（此前只是用于避免生出具有遗传性疾病的孩子），后文将详述。

在使用这项技术的过程中，具有遗传性疾病和染色体异常的受精卵会被丢弃，从而产生了事实上"筛选生命"的作用，遭到了瑞士、澳大利亚、爱尔兰等国的法律禁止。此外，英国、法国、西班牙、瑞典也开始实施相关法律予以禁止，将这项技术的适用对象限定在重大遗传性疾病的范围之内。

"定制婴儿"和选择性别

"着床前诊断"技术还被用来"定制婴儿"和选择性别。例如，有些孩子患有白血病等致命疾病，为了治疗需要进行骨髓移植。如果将与患病孩子的人类白细胞抗原配型相同的胚胎移植到子宫，这个胚胎发育并诞生之后就成了挽救患者的"供体婴儿"（成为供体的孩子）。也就是说，救助哥哥或姐姐的"救世主婴儿"（患者的弟弟或妹妹）可以通过这种技术降生。经过伦理委员会等组织的审议，已经有几个国家实施了此项技术（电影《姐姐的守护者》中也有所涉及）。

另外，出于保持家庭内部性别平衡（避免某一性别的孩子接连出生）等考虑，有些家庭想要选择将要出生的孩子的性别。在对着床前诊断没有相关法律规定的美国，以及规定不严的泰国等国家，为了满足父母对于孩子性别的需求，例如"想要女孩""这胎想要男孩"等，这项技术也被用来进行性别选择。

日本虽不认可利用着床前诊断来进行性别选择，但近年来，据报道有越来越多的日本夫妻前往泰国使用这项检测技术。

据2012年7月16日的《读卖新闻》报道，因日本原则上不认可进行性别选择，所以前往泰国的夫妻中最少有90对在当地接受了着床前诊断。如果受精卵在体外完成结合并对性染色体进行检测了的话，就基本可以确定胚胎的性别。该报社在对日本人经常前往的泰国曼谷的两家医疗机构进行采访时得知，2009年进行性别选择的日本夫妻有50对，2010年有61对，2011年有103对，呈现逐年递增的趋势。

2010年，在泰国接受着床前诊断的208个病例中，80%的患者都进行了性别选择，其中大多数是像日本人这样漂洋过海的外国人。网络上也能见到中介机构的招募网站。包括往返机票费在内，进行性别选择所要付出的费用高达150万日元。

不过，也有人对性别选择提出了批判，认为其"不是医疗而是父母的自私行为"，这一话题引发了伦理层面的争议。

日本没有法律直接对这一技术加以管控，日本妇产科学会确定的指导意见实际上就是管控的依据所在。在学会"有关着床前诊断的意见"之中，此项技术针对的疾病只限于"重大遗传性疾病"及"源于平衡性染色体结构异常的习惯性流产"。

"生下来就是最好的"

在基因分析技术日新月异的发展中，不难想象"诊断"的准确度也会有所提升，"诊断"对象——"疾病"的范围（技术层面上能够"诊断"的范围）也在不断扩大。在如电影《千钧一发》中，依据受精卵的基因诊断结论，或许就可以"选择"既没有先天性疾病，又不具有任何不利于在社会上发展之要素的孩子。

例如这样的选择——让我们回到刚才所说的电影《千钧一发》中一探究竟。

父母为身体虚弱的"偶然孩子"文森特的病情感到十分棘手，于是决定采用"寻常"的方法，即通过着床前诊断来孕育第二个孩子。医生首先从夫妻的体外受精卵中选择了没有任何遗传性疾病的受精卵，接着把受精卵的形态投射在屏幕上，并开始询问夫妻的意见。

"余下的就是两位的选择了。首先请决定孩子的性别。"

"男孩。"

医生从多个胚胎中选择了男孩的胚胎，笑着对夫妻二人说道："两位想要的是浅棕色眼睛、黑头发、白皮肤的孩子吧。我已经事先去除了不符合两位取向的要素，比如早年谢顶、近视、酗酒等其他成瘾症、暴力倾向、肥胖等。"

夫妻二人听完之后，一脸困惑。

"也没必要这么……只要健康就好了，"妻子对医生说道，"我们觉得，也许孩子的未来在一定程度上顺其自然比较好。"

医生听到后身体转向夫妻两人，说教般地开口道："我们希望两位的孩子生下来就是最好的。即使不这样做，人类也是不完美的，不能给孩子施加额外的负担了。生下的孩子是你们二人的分身，那不是很棒吗？如果放任自流的话，或许一千人里也不会产生一个杰作。"

就这样，文森特的弟弟安东诞生了。

"也没必要这么……"夫妻双方表现得犹豫意味着什么呢？本来打算"顺其自然比较好"的夫妻为何在打算生第二胎时接受了着床前诊断？或许是因为他们看到文森特被视为"偶然孩子"并遭到特殊对待，于是不想让次子背负"多余的负担"。不管怎样，对于此时的他们来说，"自然"与"人为性选择"的平衡点在于生育没有任何疾病和缺陷的"健康孩子"。他们并没有提出更多的要求。

但是，针对早年谢顶、近视、肥胖等"不符合取向"却很难说是"疾病"的要素，医生也奉劝夫妻应尽量去除，因为这是父母对于孩子的爱。在不远的将来，孩子身上寄托了成为父母"最好"分身的希冀。

2010年，美国国家航空航天局（NASA）将《千钧一发》这部电影选为"现实性科幻电影"第一名（好莱坞电影频道，2011年1月6日）。现在，在对着床前诊断持肯定态度的观点之中，有人主张，客户应该为自己的孩子选择最佳的人生（或者至少也是相去不远的美好人生）。这或许是因为他们意识到，在与电影《千钧一发》设定背景类似的未来，"选择"受精卵也"可能成为现实"。

"生下健康的孩子"这一愿望本身或许是非常"自然"的父母之心。但是，为了生下"健康的孩子""没有疾病的孩子"，"选择"健康的受精卵也算"自然"之事吗？

进一步来说，因为"不想让孩子受苦"，且为了"生下来就是最好的"，所以从受精卵中去掉不被社会看好的因素，生下具备所有有利于在社会上生存的要素的孩子，这也算是没有罪恶的"父母之心"吗？

在电影《千钧一发》中所呈现的未来，或许就是各式各样"自然"的父母之心将会带来的结果。

筛选生命、操纵生命能被接受吗？

在现阶段，通过对受精卵进行基因诊断，就能避免天生的不利因素，"选择"不具有先天性疾病的孩子。同时，该技术能够诊断的疾病范围也在不断扩大。这样的"筛选生命"，即人为性地选择移植或废弃体外受精卵的"对生命的操纵"，能在多大的程度上被人们接受？

自20世纪90年代这项技术投入应用以来，各种各样的伦理问题便备受讨论。

这项技术能够判别并丢弃带有疾病和缺陷的胚胎，这与"筛选生命"直接相关。如果孩子有缺陷的话，孩子及其家庭就会变得不幸，这种"片面断定"的"正义感"，以及"应该抛弃不值得存活下去的受精卵"等优生学思想也会因此受到肯定和鼓舞。为了生下遗传学上健康的孩子，即便有生育能力的女性也要采用体外受精（为此要服用促排卵药和取卵）的方式，这将对其身体造成伤害。人工干预自然诞生的生命（受精卵）是不妥当的——残障人士及女性发出了类似的批评。

在要求进行着床前诊断的夫妻之中，有一些夫妻并没有认识到，如果无法获得被诊断为健康的胚胎，就无法进行胚胎移植。"诊断"前获得患者知情同意的方式也遭到了质疑。

除此之外，欧美国家兴起了有关受精卵道德地位的讨论，天主教会等组织从受精卵（胚胎）与我们一样拥有尊严和生存权的立场出发，不能容忍以体外受精的方式创造、筛选、丢弃胚胎。反对受精卵诊断的呼声也越来越高。

在支持女性堕胎权利（主张在终止人工妊娠时，女性的选择比胎儿的生命更重要）的美国人之中，也有人肯定着床前诊断的积极作用，认为这能够为希望终止妊娠的夫妻提供一项新的选择。也就是说，在将胚胎移植到子宫之前（还未成人形的早期胚胎阶段），如果夫妻双方作出终止妊娠的选择，那么女性所要承担的身体上和精神上的痛苦就会减轻。如果是在早期胚胎阶段进行"筛选"并"打掉"带有缺陷的孩子，那么从生命伦理的观点来说，着床前诊断就更容易被接受了。

着床前诊断与产前检查（胎儿诊断）的差异

　　着床前诊断和产前检查都在孩子出生前操作，但着床前诊断与检查胎儿的诊断（产前检查）存在截然不同的伦理问题。通过产前检查，医生能够尽早发现胎儿的疾病，并在胎儿期进行治疗（胎儿宫内治疗），根据必要程度还可与技术高超的医疗机构进行合作，使孕妇能够安全分娩。产前检查旨在将胎儿视作需要治疗的"患者"进行救治。当然，"检查"也意味着为夫妻提供作出"生育与否"选择所需的相关信息。

　　与此相对，着床前诊断的最初目的就在于筛选受精卵（胚胎），而不含有"治疗"孩子的意图。而且，在着床前诊断中，只有正常的胚胎才能被移入子宫，"异常"的胚胎则将被直接舍弃，因此患者夫妻没有选择"是否生育"的机会。也就是说，即便在产前检查中胚胎被诊断出有疾病或缺陷，继续妊娠并生产的选择权也依然保留在夫妻手中；但在着床前诊断中，"异常"的胚胎会被丢弃，所以筛选本身就已经被纳入技术性流程。

　　例如，如果胎儿在产前检查中被发现患有唐氏综合征（即21－三体综合征，多了一条21号染色体所导致的疾病），父母仍拥有"生育"这一选择，但在着床前诊断中这个选项已不复存在。一些患者团体强硬地指出，这无异于"自己的疾病被社会抹杀"。

　　还有一些人提出，经过"是否生育"的苦恼后，从多个受精卵之中选出最终移植到子宫的胚胎，这一行为将会助长把胚胎视作"物体"并进行选择的倾向。在电影《千钧一发》中，医生完全没有表露犹豫的神情，就对受精卵进行了选择。

　　如果这种"诊断"被普及，那么选择"自然"地生育孩子，甚至生下像文森特一样体弱孩子的父母可能会遭受众人恶意的目光，如"为什么没有接受诊断""为什么生下这样的孩子"等，进而因此抬不起头来。

新型着床前诊断的余波

2012年，神户的一家妇产科医院对不孕患者进行了"新型着床前诊断"，其中有16人生下了孩子。经媒体报道后，这一事件引发了激烈的争论（《读卖新闻》2012年7月11日）。以"性别选择"为目的实行着床前诊断的医生是大谷彻郎，他没有向学会提出申请就独断地实施诊断，因此遭到了学会的除名和处分。针对"破坏规定"的医生多次实施的"暴行"，社会各界的批判之声不绝于耳。

从前的着床前诊断只对23对（46条）染色体中的一部分进行检查，但"新型"的"比较基因组杂交法"会检查和诊断所有的染色体，进一步提高准确度，也几乎能发现所有的"异常"。

具体来说，这家妇产科医院实行的不是着床前诊断，而是着床前基因筛查（即胚胎植入前遗传学筛查）。前者面向因家族遗传性疾病或染色体异常（易位）而有习惯性流产倾向的人，该诊断只检查特定的基因（染色体）。与此相对，着床前基因筛查针对的则是有原因不明的习惯性流产或胎儿染色体异常概率较高的高龄女性，并对所有染色体的异常进行诊断。一些高龄女性不知缘由地多次流产，始终无法依靠体外受精来妊娠，其原因在于受精卵的染色体异常。在这些病例中，据说选择拥有正常染色体的胚胎并移植到子宫中，可以提高妊娠的成功率。

从2011年2月到2012年5月，大谷彻郎医生对97对夫妇分别实施了一次"新型"着床前诊断。这些女性的年龄范围在28—45岁，都因为受精卵的染色体异常而无法着床或多次流产，其中还有流产过6次的女性。

据说，经筛选后的受精卵移植到子宫后，女性的妊娠率可达到74%，这比普通的体外受精的平均妊娠率高了近3倍。

大谷彻郎医生说过："现实就是，染色体异常的受精卵难以着床，即便能够着床也会以女性流产告终。这项技术对于受精卵染色体异常的高龄女性来说具有划时代的意义。虽然会有人批判说这是在筛选生命，但这也是创造生命的技术，不应将其排除在外。"

如前所述，日本国内并没有与着床前诊断相关的法律规定，学会的指导意见中将其利用范围限定为具有重大遗传性疾病的患者，并不认可一般的不孕患者接受此种治疗。而且，在进行这种诊断时，医生需要向学会提出特殊申请。但是，大谷彻郎医生以无法保证申请者的隐私为由，没有向学会提出申请。

大谷彻郎医生认为，这种"新型"着床前诊断能够有效提高妊娠率，降低流产率，"应该成为今后治疗不孕的标杆"（《产经新闻》2012年9月19日）。

特别值得一提的是，正如前文所述，女性体内具有"生物学上的时钟"，能够生育孩子的时间非常有限，因此对于陷入"与时间对抗"的不孕患者来说，流产不仅会引发肉体上和精神上的压力，还会造成巨大的"时间浪费"。大谷彻郎医生表示，特别是对于生育时间所剩不多的高龄女性来说，"新型"着床前诊断降低了流产率，具有划时代的意义。这种方法在技术上也已经成熟，对适合体外授精的女性可能带来的风险并不高。

此外，也有人难以认同这种"新型"着床前诊断能够降低流产率、提高妊娠率的主张。一些国家的报告显示，这种诊断未必能提高妊娠率，甚至还有此种诊断导致妊娠率降低的可能性，因此其有效性遭到了质疑。很多女性即便经历过流产后也能自然妊娠，所以有人指出这样的诊断是过度医疗。

还有人对"新型"着床前诊断提出了激烈的批判，认为其与从前的着床前诊断一样是"基于优生思想的生命筛选"。这种诊断方法会使染色体异常的受精卵遭到遗弃，放弃了即便患有唐氏综合征也有可能活下来的生命，从而否定了缺陷者的存在意义。

这究竟是为了创造生命的"不孕治疗"，还是"筛选生命"？

发病率99%

　　文森特借助"自然"之手诞生于这个世上，是一个"偶然孩子"。他将如何在"基因至上主义"的社会中生存下去？让我们再次回到电影《千钧一发》的世界之中。

　　文森特被称作"残次品""不合格者""偶然孩子"，遭到了社会上蔑视的目光。无论是身高还是体力，文森特总痛感自己无法与基因"完美"的弟弟比肩。仅是戴眼镜这一点，就让文森特不由得意识到自己是个"残次品"，因为"近视是不受恩惠之人的特征"。

　　"我属于'新下层阶级'。阶级并不是由肤色决定的。现在是由科学的力量决定阶级的时代。"

　　也许是出于这种"不想在地球上生存"的念头，文森特从懂事以来就一心憧憬着成为宇航员。这个想法却让他的父母大为苦恼。

　　"就你心脏的情况来看，你无论怎么努力都做不到的。"

"不发病的可能性也是有的。"

"但只有1%。"

通往宇航员的道路只向拥有完美基因的"合格者"开放。虽然法律禁止基于基因的职业歧视，但事实上对此并没有太大的约束力。无论文森特多么努力，多么想要弥补基因上的不足，只要遗传学上"不合格者"的身份被揭露，这条路就会向他关闭。就算他竭尽全力隐瞒自己的身份，并以"合格者"的姿态行事，但只要一接受血液检查，他的身份就会"暴露无遗"。

在那个时代，通过交握的手、信封上的唾液等，就可以极其简单地得到检测所需的样本。以毒品检查为由对候选人进行基因检测，就可以判断其是否适合某个公司。

"我知道这是不可能实现的梦想。无论我怎样锻炼身体，怎样努力地在考试中取得好成绩，血液检查这道墙都挡在我的面前。"

再也等不下去的文森特采取了某种手段——被揶揄为"基因盗贼"的方法——成功地走进了宇航公司。也就是说，通过基因中介商的斡旋，文森特与因事故而半身瘫痪的精英杰尔姆签订了合同，文森特借用了杰尔姆"完美"的生物体身份（指纹、血液、尿液等），伪装成后者，堂堂正正地进入宇航公司。

　　接着，文森特一边拼命地忍住因心脏疼痛而险些发出的哀嚎声，一边作为宇航公司的一员接受严格的训练，他坚韧不拔，努力实现自己的愿望。终于，他被选拔为梦寐以求的盖特卡宇航公司飞行船的船员，将在一周后正式出发。就在这时，麻烦发生了……

本应是"完美"的

在不远的将来，生下遗传学上"最优秀的"孩子，创造"生下来就是最好的"孩子，这对于孩子来说是一种"幸福"吗？这种"选择"能让我们乃至全人类"幸福"吗？

在电影《千钧一发》中，被文森特买下"基因"的杰尔姆是一个在基因上"完美"、具有人类最佳基因的人。然而，受到众人艳羡的杰尔姆虽然拥有"完美"的基因，却绝非"幸福"之人。奥运会上意外获得的"银牌"把他的自尊心击得粉碎。他本应是"完美"的……后来，他日益沉浸在酒精之中，在一个晚上被汽车撞飞。

经历了如此境遇的杰尔姆逐渐被文森特感化了——文森特虽然被叫作遗传学上的"不合格者"，却决不放弃自己当宇航员的梦想，并为此每日竭尽全力地奋斗着。于是，在基因上本应属于超级精英的杰尔姆决定，他要在被称作基因"不合格者"的文森特身上践行自己的梦想。

在生育次子安东的时候，对于依旧"想要尽可能顺其自

然"的文森特父母来说，"自然"和"人为性选择"的平衡点
在于生下一个没有疾病和缺陷的"健康孩子"。迫使他们作出
如此"妥协"的或许是顺其自然出生的长子文森特被视作"不
合格者"，以及暗中斥责他们的社会观念——"为何要生下这
样的偶然孩子""让孩子如此遭罪"。

不过，如果他的父母能够看到文森特一生的经历——他早
已活过了所谓的"预期寿命"，并为从遗传学上被视为不可能
的"梦想"不断奋斗——或许他们就能感受到基因社会所蔑视
的人的意志力，以及将孩子的命运托付给"自然"的深刻内涵
（"概率"和"预期"所无法匹敌的"自然"之力）。

生于精子库的天才儿童

现在，着床前诊断虽然还未发展到只要检查受精卵就能掌握其一切的程度，但这个问题已经在精子库中酝酿出来。也就是说，有人打算使用优秀供精者的精子来创造具备优秀素质的"孩子"。反正是要使用他人的精子，那还是想要尽可能好的精子——这种心情也不是不能理解。

一些有意成为单身母亲的女性倾向于拥有"视力良好、牙齿坚固、善于交流的孩子"，因此她们在利用精子库时，会选择具备上述特征的供精者。之所以如此考虑，是因为她们认为即便自己去世后孩子不得不独自生活，"眼睛和牙齿健康的话就什么都能干，只要能擅长与他人交流，就不至于孤独一人度过余生了"。这样出生的孩子或许也可以被称作"出于母爱的'定制婴儿'"。

着床前诊断可以对某个受精卵进行"选择"，与此相对，精子库则对受精前的精子进行"选择"。人类遗传信息的一半来自母亲，所以供精者的特征并不能直接反映在孩子身上。不过，即将成为父母之人对此的期待却相当高。

在第三章中，我谈及将供精条件限定在诺贝尔奖获得者和智商180以上男性的精子库。面对电视台的采访，"出身"于此精子库的多伦·布莱克坦白了自己背负着母亲此种期待而降生的心情："从小时候开始，我就知道母亲和身边人对我的期待。"

他继承了"父亲"的基因，生下来就是智商180的天才儿童，从诞生之时起就出现在各大新闻媒体之中，集世人关注于一身。母亲对他实施了英才教育，并时刻关注孩子的天赋发展。多伦一方面努力回应身边人对自己的希冀；另一方面因自己与其他孩子不同而感到被排斥，又因被称作"精子种""天才家伙"受到欺凌和嘲笑，深感烦恼。进入青春期后，他变得越来越内向，还说自己十分不信任他人。母亲热切希望他能够运用自己天才的头脑，将来成为科学家并大放异彩，这却与多伦自己的想法产生了矛盾。因此多伦成年后离开了母亲，开始独自生活。

多伦成年之后放弃了母亲希望他成为科学家的愿望，也舍弃了从小就阅读的数学和科学书籍，而是作为小学老师与孩子们亲密相处，过着充实的日子。

多伦的母亲（身为单身母亲养育了多伦）曾是一位科学家，现在则从事繁育犬类的工作，也许是因为这份工作能填补她心中的空虚吧：身为"天才儿童"的儿子不仅没有成为自己期盼的科学家，还远走高飞离开了自己。在家中，她在多只爱犬的陪伴下生活着，其中她尤为宠爱的一只即将生产。采访人员看到后问她："它的父亲是哪只呢？"

"不知道，"她随口答道，"也有狗的精子库。"

为了创造稀有的犬类，只要支付高昂的"配种费"，就能实现犬类的配种。

在为了创造稀有的"天才儿童"而选择利用精子库时，她能否想象到20年后的光景？她生下的孩子与自己一样具有感情和思想——他不是为了母亲的理想，而是为了自己的人生走上了独立的道路。

第五章　是亲生父母，还是遗传学上的父母？
——体外受精和代孕生产

操纵生命是"神之领域"

透明的卵子在灰色的背景之中浮现出来。透过显微镜的镜头，曾根崎理惠的全部注意力集中在镜头另一端纤细吸量管的前端。她用尖锐的吸量管前端刺破了卵子的卵膜，接着将精子注入卵子的细胞质。

"在这个瞬间，我成了神——"

一想到这里，她就慌里慌张地打消了这个念头，只剩下祈祷这颗卵子能够成功受精了。

小说《基因华尔兹》的主人公曾根崎理惠是专治不孕不育的妇产科医生。她在显微授精方面技艺高超，而且性格干练冷静，因此被称作"冷酷魔女"。

　　像小说中这样将人类的精子和卵子从体中取出并进行操作的"体外受精技术"使许多夫妻的愿望得以成真——他们"想要成为父母"，生下属于自己的"孩子"。但是，天主教教会等组织对此提出了批判，认为这种操纵生命的行为属于"神之领域"，人类不可涉足其中。通过这一技术，使用他人的卵子来生育，以及借助他人的子宫来请人代为生产（即代孕生产）也能够成为现实。随之而来的关于亲子关系的解释则成了不小的问题。

　　人类操纵生命会带来怎样的问题？对于为不孕不育而苦恼的夫妻来说，"体外受精"和"代孕生产"等尖端医疗技术无疑是一种"福音"，但它们也会形成道德困境，本章将就此进行叙述。

"迂回"之路——体外受精

1978年，英国的爱德华兹医生和妇产科医生斯特普托成功实施了世界上首次体外受精手术，第一例试管婴儿路易丝·布朗因此诞生。2010年，爱德华兹凭借在试管婴儿领域上的杰出贡献被授予诺贝尔医学奖。各大媒体将这个因体外受精而诞生的女孩报道为"试管婴儿"。与耸人听闻的报道相比，此项技术本身却颇为"质朴"。

路易丝·布朗的母亲因输卵管堵塞导致的不孕深感痛苦。也就是说，她的输卵管不畅通，卵子和精子无法相遇并结合。爱德华兹和斯特普托没有为其治疗输卵管堵塞，而是从其体内取出卵子，并在培养皿中实现了卵子精子结合。他们在女性受孕期间将受精卵移植到女性的子宫之中，受精卵顺利着床，之后的过程就和通常的妊娠、生产相同。

医务工作者担心的是，将自然的生殖过程——体内受精移到"体外"进行，以此种方式诞下的孩子会不会有什么风险。而且，这样的孩子会不会遗传父母的"不孕不育"，也没有生殖能力？不过，路易丝在出生之后像其他孩子一样健康成长，结婚后自然妊娠并生产。

路易丝的母亲曾经说过："如果卵子无法通过输卵管的话，那么迂回一下如何？"据说受此启发，爱德华兹和斯特普托开始设想体外受精的方法。

路易丝诞生之后，体外受精的技术瞬间在全世界传播开来，许多试管婴儿相继出生。日本虽然在进入20世纪80年代之后才有体外受精的案例，但到现在，日本全国诞生的婴儿中，每36个就有一个是试管婴儿。

在体外受精刚被用于临床时，这项技术被视作因输卵管堵塞而无法受精之人的"辅助生殖"手段。爱德华兹和斯特普托也始终认为这项技术是一种解决不孕问题的辅助性医疗。换句话说，"生殖医学"归根到底也只是"辅助生殖技术"，只"辅助"生殖过程中无法正常运转的部分。输卵管堵塞导致卵子精子无法结合，或者丈夫精子数量较少，在自然的状态下不能靠近卵子时，辅助生殖技术发挥的作用就是将精子和卵子置于培养皿之中，使其相遇，并提供有利于受精的条件，仅此而已。

"选择"精子的压力

正如本章开头所说，将精子人为地直接注入卵子，这项技术被称作"显微授精"（体外受精技术之一，比一般的体外受精所需的技术水平更高。如果通常的体外受精还无法达到妊娠的效果，就会采用这项技术）。在丈夫患有无精症或精子数量微乎其微的时候，医生会选择这位男性的一个精子，用只有头发丝十分之一细的吸量管将其注入卵子。卵子随之受精并开始分裂，之后被送回子宫中。说得极端一点，只要采用这项技术，即便只有一个精子也能孕育胎儿。

在前面提及的体外受精中，培养皿中丈夫精液里的哪一个精子会与卵子结合，这是我们不得而知的；与此相对，医务人员可以在显微授精中"选择某一个精子"，这一点引发了其他的伦理问题。

接受不孕治疗的太田光代（其丈夫是日本搞笑组合"爆笑问题"成员太田光）曾表示，她对医生在显微授精中选择精子的行为感到十分抗拒，始终不愿使用这项技术。

选择精子并将其注入卵子的工作一般由医生或胚胎培养师完成。在欧美国家，体外受精一般在胚胎培养师的主导下进行，但在日本实施的体外受精中，医生通常占据主导地位。

一些人曾经主张体外受精是"医疗行为"，由非医生之人操作将违反有关法律。但现在，几乎没有人会说"非医生者禁止涉足生命操纵"（从天主教的教义来看，即便是医生，也不应该涉足该领域）。创造世界上首例试管婴儿的爱德华兹也并非医生，而是生殖生理学博士。据说，现在胚胎培养师这一职业就是以爱德华兹的工作为原型的。

在进行体外受精（包括显微授精）的胚胎培养师中，有70%是临床检验技师出身，其余的则是在农学院、兽医学院、理学院等学院学过动物体外受精技术的人。近来，后者的人数正在不断增加。现在，日本还未对这个职业设立国家职业资格，该职业中的技术差距也较大。患者无法选择胚胎培养师。如果患者遇上了经验不足的胚胎培养师，卵子不能受精的事情就有可能发生。

在自然的状态下，平均4亿个精子要经历激烈的竞争并在此过程中被逐渐淘汰，最终只有一两个幸存下来的精子能与卵子结合。但是，在显微授精中，精子们无须经历这个自然淘汰的过程，决定哪个精子能够被注入卵子的是胚胎培养师或医生。正如亲生兄弟也会在相貌、能力和性格等方面存在巨大差异，医务人员选择哪个精子的决定就有可能改变那个孩子及其父母的人生。

当然，医务工作者会采用离心分离法（将精液置于培养液中，采集自主漂浮至上清液的健康精子）等能够选出条件更好的精子的方法，但如果存在多个健康的精子，那么决定权就掌握在医务工作者的手中。这对于直接操作的胚胎培养师本人来说也是一个巨大的挑战。有些胚胎培养师在刚接触人类的卵子时"双手颤抖"；还有胚胎培养师在进行高龄女性卵子（说不定是其最后的卵子）的显微授精时，双手颤抖到差点打翻培养皿。对于医务工作者来说，这是需要强烈责任感的工作。

我感觉自己身上背负着重担。特别是在只有一颗或两颗卵子的时候，能够妊娠的机会极其有限。有时候，我想尽可能找到一个健康且状态良好的精子进行显微授精，却发现另一个看起来也不错。这么说可能会招致误会，但一旦有所犹豫，工作就无法收尾了。我每天都肩负着责任感工作，但如果被其重担压垮的话，就不能从事这项工作了。于是，我只能提高挑选精子的门槛来作出选择。

（出自须藤Mika《恩布里奥·罗吉斯特——孕育受精卵的人》）

第五章　是亲生父母，还是遗传学上的父母？
——体外受精和代孕生产

　　罗马天主教教会从一开始就对体外受精（包括显微授精）持批判态度，在2010年爱德华兹博士获得诺贝尔医学奖时也表达了"不快之感"。但是，一般来说，夫妻之间的体外受精（包括显微授精）本身并不太会遭到批评。现在争论的核心转向了使用体外受精卵的代孕生产、使用第三方精子或卵子的体外受精，以及研究用的受精卵等问题。

三大"禁忌"

在本章开头介绍的小说场景中，曾根崎理惠在实施显微授精时将三颗受精卵移植到女性的子宫里。乍一看，这似乎是非常普遍的"不孕治疗"中的一个操作，但总给人一种"不自然"的感觉。仔细一看，接受受精卵移植的是一位50多岁的女性。通常来说，这是无法想象的妊娠年龄。

实际上，此时的理惠至少已经犯了三大"禁忌"。

第一，用非夫妻的精子和卵子来实行体外受精。此刻的受精卵分别使用了理惠的卵子及丈夫的精子、理惠的卵子及其大学上司清川吾郎（也是她的外遇对象）的精子。后者是问题的关键所在。当今日本，实行体外受精时必须使用夫妻的精子和卵子。在使用异源人工授精技术的场合中，可以使用丈夫以外第三方的精子；但在体外受精技术中，不能使用第三方的精子。

第二，理惠将这些受精卵移植到了其他女性的子宫里。这也违反了日本现在的规定。根据学会的指导意见，在实行体外受精时，"卵子和子宫的主人必须保持一致"。也就是说，受精卵必须被移植到其遗传学上的母亲（卵子的主人）子宫内。

第三，代孕生产。理惠将自己的卵子提取出来，并为了让别人"代替"自己生产，移植了受精卵。她把受精卵移植到谁的子宫里了呢？自己的母亲。

体外受精仅限于夫妻之间、卵子和子宫的主人必须保持一致、禁止代孕生产——针对这些，日本并没有基于法律的规定和方针，主要是依据学会的见解，即事实上的指导意见。以前，长野县的妇产科医生因使用非妻子之人的卵子进行体外受精，遭到了学会的除名和处分（这位医生提起诉讼，后来双方以和解告终，医生复归学会）。在此之后，这位医生在相关法律制度没有建立起来的情况下擅自利用代孕生产，引发了问题。

对于理惠来说，如果这件事被揭露出来，恐怕也难以善终吧。不过，理惠不但是一位"虽然失去了子宫，但依旧渴望孩子"的女性，而且是一位想要把处于同样境遇的女性从痛苦中解救出来的医生，所以她才甘冒风险实施了代孕生产。

海堂尊在这部《基因华尔兹》之后创作了《麦当娜·拜尔德》，后一本书从女儿的代孕母亲翠的视角出发，延续了前一本书中的情节。

"外祖母"生下"外孙女"

随着体外受精这一新生殖技术的登场，将在培养皿中受精的胚胎移植到其他女性（即非卵子的主人）体内，使其代为生产的事情成为可能。这就是"代孕生产"。如果体外受精的对象只限定于夫妻之间，就不会导致太大的问题。但是，如果使用第三方的卵子或精子，或者将培养皿中的受精卵移植到妻子以外女性的子宫内，并使其产下孩子，就会引发严重的伦理问题。

近年来，母亲代替有生育障碍的女儿孕育并生下孩子（孙辈）的事例也开始见于日本，还成了街头巷尾的热议话题。医生无视学会的指导方针而独断专行，再加上外祖母生下孙辈的事实，引发了激烈的争论。如果使用体外受精、代孕生产的方法，外祖母生下孙辈、妹妹生下姐姐的孩子就都有可能成真。

借助尖端医疗技术，如今生下"非自己儿女的孩子"也成为可能。

让我们稍微听一下曾根崎理惠为医学部学生讲课的声音：

第五章 是亲生父母，还是遗传学上的父母？
——体外受精和代孕生产

人工呼吸器这一实用性技术的出现引发了脑死亡的社会问题。同样地，伴随着体外受精这项新医疗技术的革新，新的社会问题也会产生。你们认为是什么？

那就是代孕母亲的问题。（中略）代孕就是将接受体外受精的卵子送到非卵子提供者的体内，也就是借腹。

（出自海堂尊《基因华尔兹》）

这里出现了"借腹"这一说法，正确来说，"借腹"是代孕生产两大分类中的一类。代孕生产又分为"代理母亲"和"宿主母亲"（也称作"借腹"）两种。

"人工授精型"代孕母亲——代理母亲

代理母亲这一代孕方法拥有相对久远的历史，从20世纪60年代起开始被使用，代理母亲不仅要提供子宫，还要提供卵子。

如图4所示，这是配合代理母亲的排卵期，将委托人丈夫的精子注入代理母亲子宫内的人工授精方法。由于使用异源人工授精方法，代理母亲也会被称作"人工授精型"代孕母亲。在此种情况下，诞下的孩子是代理母亲遗传学上的子女。

实际上，在体外受精技术还未登场的时候，要想实施代孕生产，就只有这个方法。如果妻子的子宫已被摘除，或患有子宫肌瘤，即自己的身体无法生育，而且夫妻因等待收养孩子的时间过长而超过了成为养父母的年龄限制，收养这一选项也失去可能性，此时，代理母亲就会成为夫妻"最后的手段"。

不过，通过此种方法诞下的孩子与父亲有血缘关系，但与母亲没有遗传学上的关系。而且，对于妻子来说，这个孩子是由自己的丈夫和其他女性生下的，心中抱有复杂的想法也不难想象。因此，即便只有代理母亲这一个选项，选择这一手段的人也并不多见。

"体外受精型"代孕母亲——宿主母亲

随着1978年通过体外受精产下孩子成为可能，宿主母亲——"体外受精型"代孕母亲这一新方法开始登场。这就是"借腹"生产。也就是说，用委托人夫妻的精子和卵子在体外结合成受精卵，并将后者注入代孕母亲的子宫，使其妊娠并生产（见图4）。

因为这种方法使用的是委托人夫妻的受精卵，代孕母亲只提供了子宫，因此也被称作"借腹"。从遗传学的角度来说，通过这种方式生下的孩子确实是夫妻双方的子女。从20世纪80年代"借腹"付诸实施以来，使用代孕生产的人数飞速增加（不过，近来有人表示"借腹"等表达方式不恰当，因此"借腹"这一说法不太被使用）。

如日本演员向井亚纪的事例所示，即便妻子失去了子宫，只要卵子还存留的话，就能取出其卵子，使卵子与丈夫的精子在体外结合，接着将受精卵移植到代孕母亲的子宫里，让代孕母亲生下与夫妻有血缘关系的孩子。

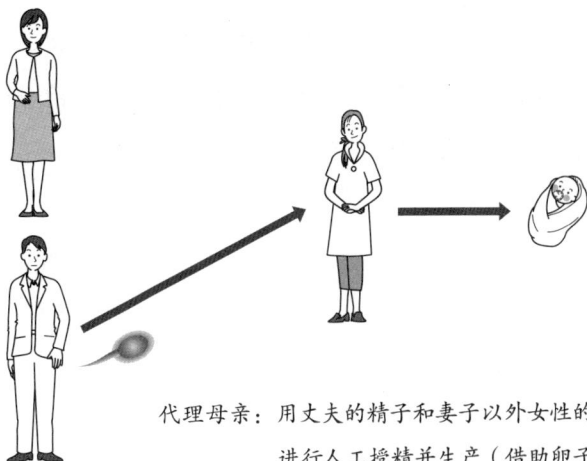

代理母亲：用丈夫的精子和妻子以外女性的卵子进行人工授精并生产（借助卵子和子宫的生产方式），孩子在遗传学上是丈夫和代理母亲的子女。

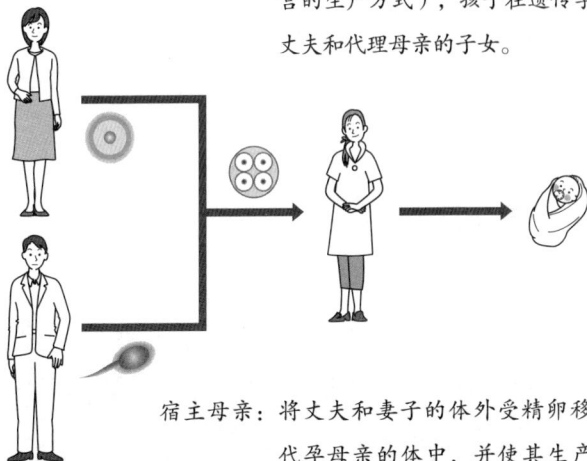

宿主母亲：将丈夫和妻子的体外受精卵移植到代孕母亲的体中，并使其生产（只借助子宫的生产方式），孩子在遗传学上是夫妻的子女。

　　资料来源：以日本不孕学会伦理委员会（现日本生殖医学会）的"用于问卷调查的发送用解说图"为基础制成。

图4 代理母亲和宿主母亲

更加复杂的情况是使用供卵者的卵子来代孕。也就是说，从第三者那里获得卵子，并使其与委托人丈夫的精子在体外结合，之后将受精卵送到代孕母亲体内。

有三个母亲！

针对以此种方式诞生的孩子，如何处理亲子关系（特别是母子关系）是一个重要问题。

一般来说，在孩子出生的时候，生育他（她）的女性是孩子遗传学上的母亲，也是养育他（她）的母亲。也就是说，"孕育母亲""遗传母亲"和"养育母亲"（社会上的母亲）是同一个人。但是，如果孩子是代孕母亲生下的，传统上的"母亲"身份就会发生分离，"孕育母亲"和"遗传母亲"，乃至"养育母亲"都会不同。换言之，代孕生产会引发"母亲"身份的崩溃。

代理母亲既是孩子的生母，也是其遗传学上的母亲。委托人妻子则是养育孩子的社会上的母亲。也就是说，孩子拥有两个"母亲"。对于代理母亲来说，这与使用供精者精子来自然怀孕并生产别无二致，相当于要把自己的亲生儿女交给委托人，所以也有一些代理母亲出于对孩子的依恋而拒绝。此外，如果孩子知道了这一事实，也许就会对自己遗传学上的母亲兼生母，即代理母亲，产生伤心失望的情绪，如"为何卖掉自己？"

在借助宿主母亲生产的情况下，因为受精卵来自委托人夫妻，所以孩子拥有遗传学上的母亲（委托人女性）和生母（宿主母亲）两个"母亲"。此时，委托人女性也许会认为，自己养育的是与自己有血缘关系的子女，因此宿主母亲比代理母亲更加理想。但是，如果代孕母亲拒绝将生下的孩子交给委托人，那么就很难判断究竟谁才是孩子的"母亲"。遗传学上的母亲和生产的母亲，谁才是孩子真正的"母亲"呢？

日本的民法虽然没有对此作出规定，但法院曾提出"生产之人为母"的意见，因此从法律角度来说，代孕母亲是孩子的母亲。

更加复杂的是使用第三方卵子来代孕生产的情况——供卵者是孩子的"遗传学母亲"，代孕母亲是"孕育母亲"，委托人女性是"养育母亲"，这就形成了"有三个母亲"的状况。那么在这三人之中，谁才是孩子法律上的母亲呢？在日本，这种情况中的"孕育母亲"（代孕母亲）被视作孩子法律上的母亲。

从日本出发的生殖旅行

此事意味着，在日本，由代孕母亲生下的孩子（即便是宿主母亲生育的孩子）在法律上的身份是代孕母亲的子女。因而在一些事例中，孩子遗传学上的母亲无法成为"母亲"。

归根结底，这表明日本官方并不认可代孕生产。

日本虽然没有规范代孕生产的相关法律，但学会的指导意见中明文禁止代孕生产。2008年4月，日本学术会议也提出建议，表明原则上禁止代孕生产的态度，其问题在于将女性的身体用作"生殖手段"。

在希望使用代孕生产手段的日本夫妻之中，一些人像向井亚纪一样前往美国某些特定州或印度等地委托代孕生产，因为这些地方认可有偿代孕生产合同的签订，这就是"生殖旅行"。还有一些单身的日本女性飞往美国，利用美国人的精子和自己的卵子完成体外受精，再把受精卵移植到自己的子宫后生产。

如果日本夫妻前往海外，利用日本国内禁止的代孕生产，孩子在法律上的身份（如户籍上的登记信息和国籍等）就会出现问

145

题。原因在于，日本法务省以1962年最高法院的判决等为依据，认定"生产之人为母"，因此，代孕生产诞生的孩子，户籍上的母亲不是委托人，而是代孕母亲。但是，在进行出生登记时，日本政府基本不会再次确认孩子是否由妻子所生，所以使用代孕生子的日本夫妻无须经过政府的核查，也能够提交该孩子是委托人夫妻之子的出生登记申请。

但是，如果"母亲"是几无可能自然妊娠的50岁以上女性，就容易遇到"确认生产事实"的核查，一旦代孕生产的事实被查明，孩子就不能被认定为夫妻的"亲生子"。这样的事例也时有发生。

此外，如向井亚纪和高田延彦夫妇的事例所展现的，他们公开宣布了代孕生产这一事实，即便妻子并非高龄，其双胞胎的出生登记申请也没有被受理。原因在于，政府如果受理了他们的出生登记申请，就是无视日本法院的判决结果。向井亚纪和高田延彦夫妇为了获得出生登记申请的受理而提起了家事审判①诉讼，被东京家事法院驳回。东京高等法院虽然作出了受理申请的裁决，但最高法院作出了不受理申请的判决。

向井亚纪虽然是孩子遗传学上的母亲，却成不了"母亲"。

---

① 指围绕家族、亲族的法律问题而进行的法院审判。——译者注

女性的"生殖机器化"

日本对待代孕生产的态度为何如此慎重？

让我来举一些反对代孕母亲的代表性意见。

首先是针对代孕生产将女性用作"生子工具"的责难。如果许可代孕生产，女性就会变成"生殖机器"，这将严重损害人类的尊严。

这是日本厚生劳动省提出的禁止原因。2000年，（当时的）厚生省"辅助生殖医疗技术相关专门委员会"工作组就将代孕生产视为把女性用作生殖手段的技术，提出了应在法律上予以禁止的意见（《每日新闻》2000年6月16日）。

其实，日本古时候就有"外腹"这一说法。如果妻子无法生育，丈夫就必须通过"外腹"，即妻子以外的女性，孕育孩子，以使家业得以继承。对于妻子和必须将怀胎十月的孩子转交给他人的女性来说，这都是残忍至极的制度。

韩国电影《借种》展现了一群李氏朝鲜时期实际存在的女性——"种女"。权贵家族为了延续香火，利用这些女孩来生下能够继承家业的儿子，以解决妻子不孕的问题。

　　这些女孩基本上都是出身贫困的农村少女。如果"种女"生下的是女孩，她就必须带着孩子返回村中；如果生下的是男孩，她则根本无法看见儿子的小脸，直接被送出家门。作为一个重大的人权问题，"种女"制度已经遭到废除。

　　无论是"外腹"还是"种女"，本质都是代孕生产。听闻此言后，或许有人会认为，为了生子而利用女性是不可容忍之事。然而，也有人主张，即便到了现代，人们也不过是借助体外受精和人工授精等科学技术的力量来做同样的事情。

　　如果这样考虑的话，也就不难理解针对代孕生产将"女性作为生殖工具"的批判之声了吧。

　　而且，代孕生产通常伴随着金钱方面的协议，因此也有人将其批判为新生儿买卖。代孕母亲以金钱为酬劳生下孩子，这种交易确实看起来像人口买卖。

　　曾经有人在签订代孕协议时，根据孩子健康水平的不同，设定了报酬上的差别。如果生下来的孩子身体健康，那么就全额支付协议中约定的金额；如果孩子身上有缺陷的话，代孕母亲获得的报酬就会减半；如果生下的孩子没能成活，就只向代孕母亲支付10%的报酬。这样的协议给人一种将孩子视作"商品"的感觉。

　　此外，还有人担心，代孕生产会带来"亲子"和"家庭"概念混乱的问题。也就是说，由代孕母亲产下的孩子会因不知道"自己的父母究竟是谁"而陷入混乱。

改变心意的代孕母亲——M婴儿事件

不仅如此，一些代孕母亲在9个多月的妊娠过程中建立了与孩子之间的情感纽带，无法切断对"忍痛生下的孩子"的爱，因此拒绝将生下的孩子交给委托人。

美国新泽西州的斯特恩夫妇（时年均为38岁）拜访了纽约的不孕不育中心，并与新泽西州的家庭主妇玛丽·贝丝·怀特黑德（时年29岁）签订了代孕协议。

伊丽莎白·斯特恩患有多发性硬化症这一难治之症，如果妊娠，病情就有可能恶化，因此才委托了代孕生产。

代孕母亲玛丽在养子协议书上签字，双方同意在玛丽将孩子交给斯特恩夫妇之后，斯特恩夫妇将向她支付1万美元。

玛丽经历了9次人工授精后终于妊娠，并在1986年3月生下了一个女孩。但是，玛丽看到刚出生孩子的瞬间，心底里就涌起了一股强烈的母爱。她一边喂养母乳，一边产生了"这是我的孩子，绝不能交给别人"的想法。

但是，双方已经签订了代孕协议。

孩子出生3天后，委托人斯特恩夫妇按照协议规定前来带走孩子。玛丽泪流满面，她虽然把M（假名）婴儿交给了斯特恩夫妇，但始终无法抑制自己喷涌欲出的母爱。

第二天，玛丽冲到斯特恩夫妇的家中，哭喊道："把孩子还给我！不然我就自杀！"

不知所措的斯特恩夫妇为了让玛丽镇定下来，暂时把M婴儿还给了玛丽。然而，此后玛丽拒绝接受斯特恩夫妇给予的"谢礼"，也不打算把M婴儿交给他们。

斯特恩夫妇从法院取得了返还孩子的命令，警察因此闯入玛丽的家中。然而，玛丽的丈夫已经携着孩子逃跑了，斯特恩夫妇只好雇用私家侦探，搜寻M婴儿的所在地。M婴儿位于玛丽娘家的事情暴露后，警察再次闯入，撞开企图保护孩子的玛丽，将M婴儿送回斯特恩夫妇身边。

在这之后，玛丽为了让M婴儿再度回到自己身边而提起了诉讼。

谁是"父母"？

应代孕母亲的要求，撕毁代孕协议，并把孩子送回"生母"（代孕母亲）身边，这种做法可取吗？还是说，协议就是协议，一旦签订，就必须按照协议条款将孩子交给委托人？

这起案件后来被称作"M婴儿事件"，也是第一起"改变心意"的代孕母亲与委托人之间争夺孩子归属权的审判，引发了全世界的关注。

一年后的1987年3月，新泽西州法院将代孕协议视作"合法"，因此作出了委托人斯特恩夫妇拥有孩子永久性抚养权的一审判决。也就是说，法院认定玛丽应该遵照合同将孩子交给斯特恩夫妇。

对此判决不服的玛丽上诉至新泽西州最高法院。

最高法院认为，该代孕协议涉及金钱交易，触犯了禁止新生儿买卖的新泽西州法律，因此是无效的。法院判定，缔结金钱协议、创造并转交孩子的行为无异于新生儿买卖。

除此之外，法院还作出以下判决：M婴儿的父亲是与其具有遗传学关系的委托人丈夫威廉·斯特恩，母亲则是与其有血缘关系的生母（也是代孕母亲）玛丽。

但是，并非夫妻的两人无法共同养育孩子，因此法院在比较双方的家庭条件之后，依据"最符合孩子的利益"的标准，认可了斯特恩夫妇的抚养权。此外，玛丽的访问权（一周可见面两次，一次一个小时，但孩子不能与怀特黑德家的其他人相见）也得到了许可。

代孕生产是"助人手段"吗？

　　为何法院会判定孩子在斯特恩夫妇（而不是玛丽）的身边成长更有利于"孩子的利益"呢？

　　此时，受到世人关注的是委托人斯特恩夫妇和代孕母亲玛丽之间社会地位的差距。玛丽只有高中学历，没有工作；威廉·斯特恩是生物化学家，伊丽莎白·斯特恩则是小儿科医生。

　　"孩子的利益"指的是，由委托人和代孕母亲的哪一方来养育孩子，孩子能够更加幸福地成长。法院认为，在社会地位和经济条件上拥有优势的斯特恩夫妇能够提供更符合"孩子的利益"的条件。

　　对此，玛丽说道："或许有人会认为，婴儿在斯特恩夫妇那样的人身边会更加幸福。报纸一定会对我的高中学历大做文章。人们读了之后，也肯定会觉得我成不了一个好的母亲。但是，不管人们如何看待，我都是一个好的母亲。我是一个好的母亲。"

孩子被判决由富裕的斯特恩夫妇抚养，这一结果在社会上引发了质疑：建立在金钱协议上的代孕生产，是否导致了在社会上和经济上占据优势地位的人对贫困女性的剥削？

玛丽继续说道："最开始，我也觉得代孕是一个绝佳的助人手段。但是，我现在不这么认为了。代孕母亲的存在不利于社会。贩卖婴儿是一种错误行为，购买婴儿也是一种错误行为。认为我们这些母亲大多贫穷且缺乏教育，就不听取我们的主张，也是错误的。"

代孕生产是一个"绝佳的助人手段"吗？抑或是将"贫穷"女性用作"生育机器"？

子宫也接纳他人的卵子

玛丽配合自己的排卵期，将委托人丈夫的精子送入子宫，由此妊娠。也就是说，她是代理母亲。卵子是玛丽自己的，她不仅是孩子的生母，也是其遗传学上的母亲，相当于孩子的"亲生母亲"。

从医学角度来看，这和女性自然妊娠并没有什么区别。有人认为，正是因为如此，玛丽的"母性"才会被激发出来。

但是，"父母"争夺孩子的情况同样会发生在代孕母亲用委托人夫妻的受精卵孕育孩子的事例中。虽然宿主母亲与其生下的孩子之间没有血缘关系，但认为自己"只是借腹"的宿主母亲一旦妊娠并生下委托人的孩子后，心中往往会涌起对孩子的依恋。这样的事例无论在过去还是现在都不胜枚举。

那么，也许有人会认为，如果在有血缘关系者之间进行"代理母亲生产"的话就没什么问题了吧。例如，妹妹代替不孕不育的姐姐和姐夫生下孩子，这样一来，妹妹既是孩子的生母，也是小姨。小姨前来看望外甥（女）的话也没有不妥之处。

日本法律规定"生产之人为母",因此生产的女性首先要提出出生登记申请,之后委托人才能办理收养养子的手续。

虽然在户籍上这个孩子会被写作委托人的"养子",但如果孩子问起"我真正的母亲是谁",夫妻双方只能说自己是遗传学上的父母,生母则是一直疼爱他(她)的外祖母或小姨。

家庭关系确实会变得复杂,但这或许能够避免代孕母亲上门讨要孩子之类事件的发生。身为代孕母亲的外祖母或小姨想要看望孩子的话,前来相见也绝非不自然。如果孩子是由外祖母生下的话,或许外祖母还能和自己生下的"孙辈"一同生活。

不过,如果近亲承担了代孕母亲的责任,她们或许会感受到无言的压力(如人体间移植引发的问题)与期待(如"因为是近亲,所以应该会答应做代孕母亲的吧")。

人类的子宫是一个非常不可思议的器官,据说是身体内唯一不易引发排斥反应的器官。在把委托人夫妇的受精卵移植到代孕母亲的子宫时,对于代孕母亲的身体来说,那颗受精卵无异于"异物"。但是,代孕母亲的子宫能接纳与自己毫无关系的受精卵,受精卵也可在其中健康成长(为了繁育后代,母体会对相当于异物的精子采取"免疫学上的豁免",受精卵同样如此）。

代孕生产便是利用了子宫"接纳及孕育的功能"。

"既是自己的孩子也是别人的孩子""既是别人的孩子也是自己的孩子"——现如今，女性能够"生产并非亲生的孩子"，这也许会让子宫陷入前所未闻的"社会实验"。

【专栏3】拥有5个父母的孩子

在自然生殖中，法律或习俗对谁是孩子的父母、谁承担抚养孩子的义务作出了明确规定。生下孩子的女性是遗传学上的母亲，其丈夫则被推断为孩子遗传学上的父亲。这两个人同时也是养育孩子的"社会上的父母"。

但是，随着生殖技术的出现，这种传统的亲子关系开始瓦解。女性生下与自己没有血缘关系的孩子（代孕生产），男性成为用他人精子所生的孩子的父亲（异源人工授精），妻子在丈夫死后生下了丈夫的儿子（死后生殖）等事例层出不穷。

在这些情况下，生下来的孩子究竟是"谁的孩子"，许多人为此在法庭中争论不休。由于生殖技术的运用，"遗传父母""养育父母"和"孕育父母"发生断裂，一个孩子甚至有可能"拥有5个父母"。

美国旧金山的一对夫妻约翰和鲁安打算生子，但是二人均没有生育能力。因此，他们从提供者那里获得了精子和卵子，将结合后的受精卵送入代孕母亲的子宫中，让代孕母亲生下他们的"孩子"。代孕母亲帕梅拉已经妊娠，夫妻二人只需等待"孩子"降生……

然而，在生产的一个月前，这对夫妻离婚了。

代孕母亲帕梅拉认为，既然委托人夫妻已经离婚，那么无论哪一方领走与其没有丝毫血缘关系的"孩子"，那个孩子肯定也不会幸福。与其如此，不如身为孕育母亲的自己将"孩子"收养并抚养长大。

但是，帕梅拉的诉求没有得到法院的支持。

法院认为，委托人女方鲁安更适合养育孩子，但这并不代表法院认定鲁安具有抚养权。法院只认可鲁安具备孩子监护人的资格，鲁安可以抚养这个孩子，但孩子并没有法律上的父母。孩子与鲁安之间没有遗传学上的关系，所以鲁安"无权自称是孩子法律上的母亲"。

那么，孩子法律上的"父母"究竟是谁？

答案是没有。孩子虽然拥有5个"父母"，却没有任何"法律上的父母"。也就是说，他（她）是作为没有"父母"的孩子出生的。

此外，身为监护人抚养孩子的鲁安要求前夫约翰支付抚养费，但遭到了对方的拒绝，因此她提起了诉讼。约翰以自己与孩子没有血缘关系为由，主张自己没有支付抚养费的义务。

结果，在3年后，已经离婚的委托人约翰和鲁安被认定为孩子法律上的父母。身为孩子的"父亲",约翰具有支付抚养费的义务;而身为"母亲"的鲁安则可以获得孩子的抚养权。

在这3年间,围绕谁才是"父母"这一问题,人们在法庭上争执不休。当然,这也意味着这3年间孩子没有法律上的"父母"。

代孕生产究竟是出于何种目的,又是为了何人才实施的呢?

如果法官的性别组成不同,针对此种生殖医疗技术所带来的亲子关系的判断结果也有较大差别(虽然无法一概而论,但男法官通常比较重视遗传学上的关系;与此相对,具有生产经验的女法官更倾向于认定孕育母亲为孩子的"母亲",即便是代孕生产也同样如此)。将孩子的父母身份问题委托给无异于"法律赌博"的审判,使得孩子的法律地位极不稳定。

虽然"想要成为父母"是一个极其单纯的愿望,但随着能够实现此心愿的技术的登场,亲子关系陷入混乱,从前的家庭关系遭到冲击,不尽如人意的事情相继发生。

第六章　"妈妈们"和供精者
——多种多样的夫妻和新型"家庭"

"你的……'供精者'"

　　妇产科医生妮可和从事园艺工作的朱尔斯是一对女同性伴侣。朱尔斯曾因病被送往妮可所在的医院接受治疗，两人因此相遇并决定成为对方一生的伴侣。组成家庭之后，两人自然产生了想要孩子的念头，于是各自生下了一个孩子。

　　这两个孩子分别是现在18岁的女儿乔妮和15岁的儿子莱塞。"妈妈们"和两个孩子，四人一起嬉笑打闹，他们过着和普通家庭一样的生活。

　　也许有人会问，两个女人是如何创造孩子的？真相将在之后揭晓。

　　女儿乔妮正和其中一个妈妈在院子里玩游戏，当妈妈正在思考下一步时，乔妮的手机响了起来，那是个陌生的号码。

乔妮觉得有些奇怪，但还是接起了电话。电话里传来一个她从未听过的男人的声音。

"你是乔妮·奥尔古德吗？"

"……我是。"

"我叫保罗，是你的……'供精者'。"

乔妮大吃一惊，从凳子上跳了起来，留下沉浸在游戏中的妈妈，跑到一边。

发生什么事了？被独自留下的妈妈有些摸不着头脑。

"现在说话方便吗？"

"嗯，没问题。"

电话那头的男性似乎不知如何开口，勉强把语句串联起来。

"你……嗯，过得怎么样？还好吗？"

这个男人也知道自己说了一些没什么用的话，苦笑出来。乔妮也不由得苦笑了一下。

沉默了一会儿，保罗终于下定决心，进入正题。

"我从'精子库'的温迪那里听说了……"

"其实这是我弟弟的请求。我18岁，我弟弟15岁，他打电话的话年龄有点不够……但是他说想要见你，如果可以的话。"乔妮说道。

"你的弟弟？"

"我的'异母'弟弟。妈妈们分别生下了我们两个人。用你的精子。"

"'妈妈们'？"

"对，有两个妈妈。她们是女同性伴侣。"

"供精者"保罗瞬间沉默了。

"……原来是这样啊……那还真酷。（保罗不知该如何反应才好）女同性恋不错。"

"……没错。"

"一起吃个饭吗？还有你的弟弟。"

乔妮不自觉地回头看向一无所知的妈妈，但自己和弟弟都希望如此。

这就是电影《孩子们都很好》中的一个场景，这部电影描绘了新型"家庭"的生活方式，引发了热烈的讨论。

富有多样性的家庭的诞生

　　随着荷兰、比利时、西班牙、瑞典等国家承认同性婚姻，这些国家法律上认定的"家庭"的基础不再只局限于异性婚姻。时任美国总统的奥巴马在2013年的就职演讲中也提及同性婚姻，引起人们的关注。同性婚姻事关在这些家庭中诞生的孩子的法律地位。对于孩子来说，他们的双亲是"爸爸们"或"妈妈们"。

　　由于生殖医疗技术的出现，如今同性伴侣之间也可以孕育"孩子"。虽然孩子无法拥有双方的基因（以现在的技术来说暂且无法实现，随着诱导性多能干细胞研究的推进，或许终有一天可能成真），但同性伴侣可以生下具有其中一方基因的孩子。像本章开头讲述的故事那样，妮可和朱尔斯这样的女同性伴侣使用供精者的精子，配合自己的排卵期进行人工授精就可以生子。她们就是利用了异源人工授精技术，以"供精者"保罗的精子"每人生了一个孩子"。

　　如果是男同性伴侣，由于自身无法生产，所以想要生子的门槛就会有所提高。他们必须委托代孕母亲来生产。而且，还有"夫妻"中一方因"性别认同障碍"而"改变了性别"的事例，也就是说，"丈夫"原本是女性，或者"妻子"本来是男性。从生物学的角度来说，这些婚姻同样是同性之间的结合，因此可以利用异源人工授精技术或代孕来生育与伴侣一方有血缘关系的"孩子"。

辅助生殖技术原本是为了维持（或者强化）传统的家庭观——"家庭意味着有父亲，有母亲，还有孩子"——而发展起来的，但这项技术也孕育了富有多样性的"家庭"，从而对原来的"家庭"形态造成了极大的冲击。

我们的社会是如何面对这样的"新型家庭"的呢？

"丈夫"生产？

一些家庭中的"丈夫"通过人工授精产子的事例也成了街头巷尾的话题。

2008年，周刊杂志上登载了一张怀孕男性的照片。这位男性住在美国俄勒冈州，名叫托马斯·贝蒂。他长着浓密的胡须，胸前平坦，只有腹部显怀。贝蒂决心代替无法生育的妻子来生子。

也许有人会对"男人妊娠"感到震惊，实际上，贝蒂虽然现在从法律上看是男性，已经结婚并拥有妻子，但他原本是女性。因性别认同障碍，贝蒂在约10年前接受了性别重置手术，也将户籍上自己的性别改为男性，结婚后成了一个"丈夫"。

夫妻二人虽然"想要组成一个家庭"，但他的妻子长期患有子宫内膜异位症，无法生育。因此，丈夫贝蒂决心成为"母亲"。他在接受性别重置手术时保留了子宫和卵巢。在停止服用睾丸素4个月后，他再一次迎来了中止8年的月经。

为了进行人工授精，贝蒂前往医院咨询，但接受咨询的9位医生均表示"不想参与如此复杂的妊娠过程"，结果贝蒂从精子库购买了精子，在自己家中实施"自助授精"。

在贝蒂公开宣布自己怀孕时，全世界的新闻媒体对此事进行了报道，贝蒂在采访中如此回答："作为一个男人，我非常自信地活着。对于妻子来说，我是能够生育我们孩子的'丈夫'。"另外，他还在美国的谈话节目中说道："想要孩子的愿望是不分男女的。"

贝蒂在自然分娩中顺利地产下一个女孩之后，出版了著作《爱的生产：一个男人非凡怀孕的故事》。据报道，由于夫妻二人渴望生育第二个孩子，之后贝蒂又怀上了二胎。

性别认同障碍的"丈夫"与孩子之间的父子关系成了一个重要的问题，有人担心，同样的事情是否也会在日本发生。但是，恐怕在日本不可能出现这样的事情。这是因为在日本，改变性别的条件是在性别重置手术中切除生殖器官。

"丈夫生子"是极其不可思议的事情。虽然新闻报道中并没有说明，但由此诞生的孩子申请出生登记将会被怎样处理？根据"生产之人为母"的原则，贝蒂及其孩子应是母子关系，所以应由生产后的贝蒂作为孩子"母亲"提交出生登记申请，此后再经过某些法律程序，他就会成为孩子的"父亲"（他所在的俄勒冈州承认同性婚姻，所以或许有其他的处理方式）。但是，人们在最初制定法律时，是否设想到会有男性生产的事情发生呢？

女同性伴侣的"育儿"

让我们再次回到本章开头女同性伴侣的故事。

许多女同性伴侣在过去的恋爱和婚姻中与男性生下了孩子，与对方分手后，女方领走孩子，并与后来的同性伴侣共同抚养。在美国、澳大利亚以及欧洲等地，也有许多人和男性结婚并生子，离婚后就在新组成的女同性伴侣家庭中养育孩子。澳大利亚的调查表明，在约一半的女同性伴侣家庭中，孩子都是之前异性婚姻的产物，另外一半则是通过异源人工授精技术诞生的。

日本也有育儿的女同性伴侣。以日本同性伴侣为对象的调查显示，在683个回答者中，9.1%的伴侣拥有孩子。不少人在过去的恋爱和婚姻过程中生下了孩子，并在离婚之后带到新家庭中抚养。另外，如果同性家庭能够收养孩子的话，打算如此"育儿"的人占17.4%。有35.7%的人认为，有必要建立保障同性家庭能够使用精子库等辅助生殖技术的制度（见表1）。

第六章 "妈妈们"和供精者
——多种多样的夫妻和新型"家庭"

表1 生子与育儿的相关问题

（摘自《关于同性伙伴关系法律保障的当事人需求调查》，实施调查期间为2004年的2月28日至5月10日，调查结果已在网站上公开，见http://www.geocities.jp/seisakuken2003/tyosa/title.html）

您认为以下制度对同性间的伴侣关系是有必要的吗？此外，如果以下制度建立起来的话，您会使用吗？

a-1 收养子女作为自己的孩子（必要性）

	女同性恋者（人）	男同性恋者（人）	双性恋者（人）	其他（人）	无回答（人）	合计（人）	占比（约）
非常有必要	65	29	41	18	3	156	22.8%
有必要	71	29	41	16	1	158	23.1%
不好说	97	49	48	22	2	218	31.9%
不太有必要	18	16	13	4	0	51	7.5%
完全没必要	22	20	7	7	1	57	8.3%
无回答	23	2	7	10	1	43	6.3%
合计	296	145	157	77	8	683	100.0%

a-2 收养子女作为自己的孩子（是否会如此做？）

	女同性恋者（人）	男同性恋者（人）	双性恋者（人）	其他（人）	无回答（人）	合计（人）	占比（约）
会	55	25	29	10	0	119	17.4%
不会	106	53	40	23	2	224	32.8%
不知道	107	64	77	35	5	288	42.2%
无回答	28	3	11	9	1	52	7.6%
合计	296	145	157	77	8	683	100.0%

b-1 利用精子库生子（必要性）

	女同性恋者（人）	男同性恋者（人）	双性恋者（人）	其他（人）	无回答（人）	合计（人）	占比（约）
非常有必要	59	19	32	14	1	125	18.3%
有必要	57	21	30	11	0	119	17.4%
不好说	93	52	54	27	4	230	33.7%
不太有必要	29	15	12	5	2	63	9.2%
完全没必要	34	34	22	10	0	100	14.6%
无回答	24	4	7	10	1	46	6.7%
合计	296	145	157	77	8	683	100.0%

b-2 利用精子库生子（是否会如此做？）

	女同性恋者（人）	男同性恋者（人）	双性恋者（人）	其他（人）	无回答（人）	合计（人）	占比（约）
会	46	14	27	6	0	93	13.6%
不会	126	70	59	33	4	292	42.8%
不知道	94	57	60	29	3	243	35.6%
无回答	30	4	11	9	1	55	8.1%
合计	296	145	157	77	8	683	100.0%

　　起初，由同性伴侣养育的孩子被认为"智商低""容易出现性取向的问题""会被社会歧视，无法幸福"，致使一些已经表明自己同性恋身份的母亲在离婚的时候得不到自己亲生孩子的抚养权。然而最近的研究显示，由同性伴侣抚养的孩子并不会在智商上劣于异性伴侣所养育的孩子。

　　在本章开头介绍的电影里，女儿乔妮是一个成绩优秀的孩子，即将在秋季进入大学学习，她正准备迎接人生中第一次独立的生活。对于她来说，这个夏天是她在家里度过的最后的时光。

在保罗打来电话的几天前，姐弟两人曾瞒着"妈妈们"有过如此对话。

"之前我说的电话的事情，你考虑得怎么样了？"

"我不愿意。"

"你不想知道吗？"

"大学马上就要开学了，我现在不想惹上这种麻烦的事。……而且妈妈们会受伤。"

"为什么要担心她们？……没必要和她们说。"

"你18岁时这么做不就好了……"

"我是认真的。"

乔妮冷漠地摆弄着手中的卡片，但她并非全然没有心动。

当天晚上，她偷偷地潜入"妈妈们"的房间，从精子库资料中找出了"供精者的信息"。手写的信息旁还有供精者童年时期的照片。乔妮盯着那张照片看了一会儿，也许她的心中已经涌出"供精者究竟是怎样的人"的兴趣。

第二天，她向资料里记录的精子库打了个电话，说"想见见供精者"。

"用您的精子生下的女性想要见您"

对于供精者保罗来说，他万万没有预料到用自己提供的精子生下来的孩子想要联系他。精子库打来的电话无异于晴天霹雳。

保罗经营着一家餐馆，栽培有机蔬菜并制作简单料理。正当他准备开店营业时，手机响了起来，是个没见过的号码。

"您是保罗·哈特菲尔德先生吗？"

"对，您是？"

"我叫温迪，是精子库的员工。"

（精子……库？）

保罗的脑海里朦胧地浮现出近20年前学生时代的记忆。

"您是在1991年到1993年间提供精子的哈特菲尔德先生吗？"

"对，确实是我。"

（自己确实提供了"东西"，还得到了钱。）

"没有供精者的同意，本精子库不会公开其身份。"

"我知道。"

"不过，用您的精子生下的女性想要见您。"

（什么？为什么？！）

保罗大惊失色，大脑几乎无法思考。他按了按开始转动的脑袋，冷静地回答道："可以。……没什么问题。"

保罗虽然回复"没问题"，但挂了电话后，他茫然地在原地伫立了一阵。

（究竟发生了什么？）

当天晚上，保罗向女友说起了这件事的原委。

"我那时19岁，很早以前了。没打算用自己的'东西'的。"

上大学的时候，保罗出于好奇心，也为了报酬，提供了自己的精子。但是，他根本没想到竟会有人用自己提供的精子生下了孩子，而且孩子已经长到了18岁……那个精子库确实有这样的规定，用供精者的精子生下的孩子年满18岁时，如果供精者同意就可以公开自己身份。没想到这竟然成了现实。

"……这种心情还真奇异。竟然有孩子……我还想知道更多的事情。"

我的孩子吗？是怎样的女孩呢？他逐渐对此产生了兴趣。

据说，一些供精者在提供精子时并没有仔细思考与自己有血缘关系的孩子有可能降生一事，在组建了家庭之后，某天突然回想起自己曾提供过精子，可能会为此感到十分恐惧。他们在提供精子的时候，也许确实很难想象18年之后的事情。

女同性伴侣的"母亲潮"

也许会有读者对女同性伴侣使用异源人工授精技术提出异议，认为使用第三方的精子来生子应该只限定于"普通"的异性夫妻之间。但是，早在大约40年前，女同性伴侣的"母亲潮"就已兴起。从20世纪70年代中期到80年代，女同性恋者就开始利用供精者的精子来进行人工授精，从而在不与男性发生性关系的条件下妊娠并生产。

当时的女性从男同性恋者等处私下获得精子，并配合自己的排卵期，使用随手可得的工具自己进行人工授精。只需用滴管状的器具将精子送入体内，即便是一般人也能简单地操作。以前，日本媒体就报道过高中生情侣自行实施人工授精（使用男方的精子），女方因此怀孕的事件。这种人工授精技术被称作"自助授精"，通过此种方式降生的孩子被称为"火鸡滴油管婴儿"。"火鸡滴油管"是烧烤火鸡时用来浇肉汁或黄油的滴管状烹饪工具，自助授精便是使用此类工具将精子注入体内，以进行自助授精。

　　这种自助授精方式获得了反对以男性为中心的医疗体制的女性主义者的支持，不仅如此，其中还蕴含了反抗针对同性恋者的歧视性医疗体制和社会机制的意味。在女同性恋"母亲潮"发展的同时，"艾滋病恐慌"也在美国兴起。

　　在20世纪80年代，艾滋病被视为同性恋者和吸毒者的疾病，同性恋者因此沦为受歧视的对象。通过此类事件，同性恋者意识到社会上缺乏对自己的法律性保护，这一认识激发了女同性恋者发起"母亲潮"之类的反抗运动，乃至在20世纪90年代引发了一系列同性恋婚姻诉讼。

面向同性恋者的精子库出现

20世纪80年代，美国加利福尼亚州出现了以女同性恋者和单身女性为主要客户的精子库。当时，一般的精子库并不接待女同性恋者，因此她们迫不得已只能自己授精；但这个精子库非常照顾女性消费者的需求，提供了诸如精子安全检查、与供精者签署放弃抚养权的协议等服务。现在也有女同性恋者运营的精子库，据说还有从日本前去的客户。

此外，精子库的情况也发生了变化。精子库最初的客户是丈夫患有无精症等不育疾病的异性夫妻；但到了20世纪90年代，显微授精登上历史舞台，只要得到一个精子，就能将其送入卵子完成结合，因此异性夫妻的顾客人数骤然减少。为了解决这一困境，精子库将目光投向新的"大客户"——女同性伴侣和单身女性。

美国在1973年确立的《统一父母身份法案》中规定，通过医生采取异源人工授精技术（在丈夫同意的前提下）诞生的孩子是丈夫的婚生子，并且断绝了孩子与遗传学上的父亲（即供精者）的联系。也就是说，通过异源人工授精技术诞生的孩子在法律上与供精者没有关系。因此，无论是对于女同性伴侣还是单身女性来说，在医疗机构接受人工授精都是一个"安心"的选项，因为供精者不能要求获得孩子的抚养权。

当然，对于女同性伴侣来说，"生子"也绝非简单的选择。她们也会为许多事情感到担忧，如像自己这样的同性伴侣是否适合"生子"，这样做是否有益于孩子，如何告诉孩子关于遗传学上父亲（供精者）的事情，等等。

安德烈娅和布里奇特这对伴侣则为了异性伴侣绝不会遭遇的"其他问题"而犹豫不决。

安德烈娅说道："我们大概花了两年的时间做好成为父母的准备（并非物理方面的准备）。然后就是'该怎么做'的问题。有的朋友通过熟人获得精子并进行了人工授精，但我们不想这么做。"

本章开头提到的妮可和朱尔斯恐怕也花费了相当长的时间来思考这些问题吧。她们告诉乔妮和莱塞：她们使用了精子库中供精者的精子，从而"每人生下了一个孩子"；她们是发誓终生相伴的伴侣，"妈妈们"会无条件地疼爱他们；"妈妈们"是怀着强烈的期盼之心生下他们的；虽然和其他的家庭有所不同，但也没必要为此感到羞耻。

与供精者见面

终于到了和供精者见面的时刻。与供精者保罗见面的当天，乔妮开车带弟弟莱塞前往约定场所。保罗提出的见面地点是他自己经营的餐馆。乔妮对坐在副驾驶上心神不定的弟弟说道："不要太期待了。"

"我才没期待。"

"我只是在忠告你。说不定那是个奇怪的人，毕竟是提供精子的人嘛。"

"多亏了他我们才能出生在这个世界上，还是要感谢他。"

乔妮在餐馆前停车，两个人屏息踏入店中。保罗走了出来。两个孩子和"供精者"尴尬地问候了一下，还做了俗套的自我介绍。三个人都不知道该如何与对方交流，眼神对视时就难为情地笑笑，不住地点头，以缓解尴尬。

保罗努力控制不知所措的表情，对两个孩子说道："你们有问题尽管问我。"

孩子们一边说着"谢谢"，一边却又不知道该如何开口。

保罗打破了这种尴尬且沉默的氛围，开始向莱塞搭话："莱塞，你有什么想问的吗？什么都行。"

莱塞对"供精者"怀有非常强烈的兴趣，甚至多次拜托姐姐给精子库打电话，现在却无法认真审视坐在自己对面的"供精者"的脸庞。

"我没什么特别想问的事情。"

保罗为了缓和当时的气氛，又向他问道："莱塞，你有什么擅长的事情吗？"

"运动。"乔妮回答道。

莱塞终于向保罗开口了："你在学校里玩什么？"

"我在中学里打篮球。"

"真酷。然后呢？"

"我厌倦了集体运动，比如'干掉对方'之类的。你呢？"莱塞没有掩饰自己的失望之情。

"足球、篮球、棒球……都是集体运动。"

保罗观察话题走向后继续说道："我不是在批评集体运动，只是我自己变了。"

莱塞垂头丧气地嘟囔了一句："集体很好。"

通过异源人工授精技术诞生的孩子们经常会说，他们之所以想见供精者，是为了确认自己的身份。他们想知道自己和供精者存在哪些相似之处。莱塞可能也想弄清身为男孩的自己与遗传学上的父亲在哪些地方相似。

分别之时，保罗分别与两个孩子握手并拥抱了他们。

"见到你们真是太好了。"

"非常高兴见到你。"乔妮说道。

"再见，保持联系。"

"妈妈们"与供精者见面

最终，妮可和朱尔斯知道了孩子们与供精者见面的事情，这对于她们来说是一个巨大的冲击。

听完孩子们坦白后的当晚，妮可一边在盥洗室里刷牙，一边焦虑地对身旁的朱尔斯说道："虽然他确实是孩子们遗传学上的父亲，但还是让人非常不快且火大。就好像被人轻视了，你明白这种感觉吗？"

"当然了，我不想让任何人剥夺我们与孩子们相处的时光。而且这还是乔妮在家里度过的最后一个夏天，绝对不行。"

对于在这个家庭中扮演"父亲"角色的妮可来说，供精者的出现带给她一种精心构建的立场遭到否定的感觉。朱尔斯也极度担心孩子们会偏向供精者。

两个妈妈决心见一见保罗。她们提议在自己家中招待保罗，并与其一同就餐。

当天，女同性伴侣和两个孩子，以及供精者保罗齐聚一堂。妮可和朱尔斯尽量以友好的态度迎接保罗，妮可竭力抑制住自己对保罗的敌对心情。5个人来到木桌旁吃午饭，妮可单刀直入地进入主题："我以前看过你的档案，就是在寻找……精子……的时候。"

（朱尔斯想要阻止她。）

"总之，档案里写着你'正在学习国际关系'。"

"没错，那是……很久以前的事情了。我考虑了很久后……辍学了。"

妮可和朱尔斯面面相觑，丝毫没有掩饰自己的震惊之情。她们本来是想选择高学历且聪慧的供精者（前文已经提到，精子库里有对供精者的分类）。

"对于我来说，那是在浪费钱。坐在那里听别人的观点，明明看书就可以学会了。"

妮可随即露出了惊讶的表情，目瞪口呆。这个人和"档案"给她们留下的印象完全不同！

保罗察觉到了氛围的变化，意欲挽救回来。

"我并不是在说高等教育很无聊。大学很棒，非常适合乔妮，不过我是通过实践学习的。大概我很奇怪吧（笑）。"

这天之后，妮可越发对保罗感到不满，觉得他"俗不可耐"。在此之前，妮可一直在家中扮演父亲一般的角色，但供精者的出现或许动摇了她在家中的地位；或者，妮可是不是担心自己的伴侣朱尔斯会被保罗吸引，两人会私下幽会？

想要的是提供者的"承认"

现在，除了美国之外，认可同性恋者使用辅助生殖技术的国家并不多见。2002年，英国开始探讨以女同性恋者为对象的供精行为；瑞典和澳大利亚的维多利亚州（世界上第一个对辅助生殖技术作出法律规定的地区）分别在2005年和2008年同意面向女同性伴侣实施人工授精。

读者们如何看待这种新型家庭的出现呢？也许读者们最担心的是"孩子们的福祉"问题吧。正如乔妮和莱塞那样，孩子们或许会对自己遗传学上的"父亲"持有复杂的想法，或许也会因"女同性恋者的孩子"的身份而受到歧视。

但是，至少对于莱塞来说，当他面对"自我"时，始终让他在意的是供精者保罗为了"金钱"而"出卖"精子的事情。

莱塞因为一些琐碎小事和妮可发生了冲突，他跑出家门，邀请保罗和朋友格雷共同玩乐。这或许是出于受到母亲的苛责后想要寻求父亲安慰的心情。

在回去的路上，当只有莱塞和保罗两人在车中的时候，莱塞问道："你为什么要提供精子？"

保罗摘掉墨镜，看着莱塞回答道："因为我觉得这比献血有趣。"

他是打算开个玩笑的。但是，看到莱塞默不作声的样子后，他便收起了开玩笑的姿态，正经地说道："我想要帮助别人，为了那些想要孩子却无法生育的人。"

就算是撒谎，他也不得不这么说。

"帮助别人？"

"很久以前是这么想的。"

"你得到了多少钱？"

"为什么要问这个问题？"

"好奇而已。"

保罗似乎在追寻很久以前的记忆，扭头看向一边。

"一次60美元。"

莱塞大吃一惊："就这么点？"

（只要60美元，我就出生在这个世界上了吗……）

莱塞肯定失望至极吧。

"这对于当时的我来说是一笔巨款。现在的话大概90美元吧。"

保罗如此说道，头一次坦率地看向莱塞的面庞，接着补充了一句："不过……幸好我这么做了。"

听到这句话的瞬间，莱塞心底难以言说的复杂情感迅速消散了。如果非要用语言表达出来的话，那就是得到了供精者的"承认"——遗传学上的"父亲"保罗肯定了自己的存在——莱塞心中的空缺头一次被填补了。

后 记

在每七人之中就有一人"不孕不育"的现代，为了满足人们"想要孩子""想成为父母"的愿望，生殖科学渐渐发展起来。近年来，随着能够比较精确地诊断出胎儿染色体变异（如唐氏综合征等）的新型出生前诊断出现，有人开始为"是否要成为这个孩子的父母"这一"选择"感到苦恼。此外，有些运动员选择成为单身母亲，或者有艺人通过亲子鉴定得知自己并非悉心抚养的"孩子"在遗传学上的"父亲"等，这些事件吸引了众人的目光，人们开始从新的角度对生殖这一人类普遍的行为予以关注，并以前所未有的多样方法重新审视"亲子"和"家庭"的形式。

追求自己的幸福、渴望"拥有孩子"的不孕不育夫妻自由使用生殖技术的限度是什么？

从伦理学出发，这个问题则是："人类自由的界限在于何处？"

如果说，应该限制人类自由的根据之一在于"伤害他人"，那么恐怕不会有许多人对生殖技术持积极态度。是否"伤害他人"是J.S.穆勒曾提出的一个判断标准，准确来说，这是"禁止伤害他人原则"，即不得对他人造成伤害的伦理原则。

如果将这条原则套用在生殖技术的使用上，就是"在不给他人造成伤害的前提下使用"。在生殖医学中，"他人"指的是代替自己生子的代孕母亲、供精者和供卵者、养育与自己无血缘关系的孩子的伴侣，以及通过生殖技术诞生的孩子们。

特别值得注意的是，人们大多只关注生殖医学给不孕不育的夫妻带来的"救济"，却往往忽视了由此降生的孩子们所拥有的权利和福祉。对于通过生殖技术诞生在这个世界上的人来说，这一事实会给他们带来怎样的影响？在多大程度上使用技术才不会造成"伤害"，而超出怎样的限度就会给他们带来"伤害"？

在吉田秋生的漫画作品《YASHA——夜叉》中，有一个依靠被终止妊娠的胚胎中的卵子出生的青年（女性在胚胎时期，卵巢中就有卵子了）。他在坦白自己的出身时，说自己的母亲"并非人类"，而自己则是个"怪物"。

实际上，为了解决供卵者经常性不足的问题，英国的医疗机构曾讨论使用被终止妊娠的胚胎中的卵子来进行不孕治疗。

这样做的考虑是，价格昂贵且通常数量不足的卵子可以从胚胎中"轻易"获得；而且如果"供卵者"是胚胎的话，就可以规避围绕卵子所有权的纠纷。但是，这一想法无疑会遭到非难，被认为是不符合"孩子的福祉"的，因为这种生产方式会对孩子造成"伤害"。

即便是已经实施的"寻常"生殖技术，当然也会给通过此种手段出生的孩子带来"伤害"。其中典型的问题在于人工授精儿的身份知情权和提供者身份保密之间的矛盾。"匿名原则"对于利用供精者精子进行人工授精的夫妻来说可谓十分理想；但对于无法得知自己遗传学上的父亲（即供精者）的孩子来说，这会让他们极其"悲伤"，乃至觉得"有所缺失"。在日本，通过庆应义塾大学实施的异源人工授精生下的孩子们已经开始在社会上发声，也有人开始主张提供者实名制和"孩子的身份知情权"。

近年来，生命伦理的一大特征是，通过生殖技术诞生的孩子们长大成人后，开始自行讨论生殖技术的利弊，并发表自己的立场。生殖医学讨论的主要参与者（利益相关者）逐渐从父母扩大到了孩子。

有谁能够预测通过生殖医疗技术产下的孩子的心情呢？即便是利用此项技术的父母也很难想象孩子所处的状况和他们心中的苦恼。但是，在考虑孩子们的人权和福祉的基础上，也有必要体谅父母的心情。

而且，对生殖医学所知甚少的人或许很难理解"不孕不育夫妻"的心情，后者即便要借用科学技术的力量也希望生下孩子。男同性伴侣想要孩子，担心"生物学上的时钟"的女性考虑"冷冻卵子"，即便已经过了"生育年龄"也打算"生子""成为父母"的夫妻——也许非当事者会认为，这些人是在"滥用科学""不过是任性之举"。另外，正如"死后生殖"的审判结果与对"卵子和子宫来源一致"的执着所反映的，面对新型生殖技术的可能性及人们对此项技术的需求，现行的法律和学会指导方针并不能作出灵活应对。

如序章所述，生殖医学的另一个特征就是"温度差"。使用生殖技术的父母和他们生下的孩子、当事人和非当事人、接受"不孕不育治疗"的"患者"和医生们——弥合这些人之间认识上的差距是推动讨论取得进展的重要一步。

为此，本书引用了许多国外的电影、电视剧和小说等作品，努力捕捉与生殖医学息息相关之人的心情。我将大量笔墨用于传达通过生殖技术诞生的孩子们的声音，并描述他们的现状。之所以这样做，是因为我认为不仅要从利用生殖科技的现代人的角度，而且有必要从由此出生的孩子，也就是未来一代的视角出发，探讨这一技术的是非功过。

本书想要呈现给读者的并不只是生殖医学的新奇。在生殖技术日新月异、法律与伦理望尘莫及的状况下，本书重点展现了执意选择（或迫不得已选择）利用这项技术之人的心情、通过"技术"能够怀抱心心念念的"我的孩子"之人的喜悦、因这项技术而陷入意想不到的伦理深渊之人的苦恼，意在架起一座跨越当事者（参与生殖医疗过程的人）与非当事者（一旁冷静乃至批判性地看待生殖技术的人）之间认知的"桥梁"。

随着诊断技术不断发展，能够发现的"异常"逐渐增加；随着医疗技术日益进步，能够治愈的"疾病"范围也在持续扩大。伴随着新技术的诞生，曾经被"自然"接受的"不孕不育"也成了能够治疗的"疾病"，这也让"接受""无子"现实（乃至"断念"）或者"不生育孩子"的父母面临更艰难的选择。

归根结底，技术本身是中立的，它会促进人类的幸福还是给社会招致混乱，都取决于使用技术的人类"选择"。尽管如此，能够实现人类"愿望"和"欲望"的技术本身，就会给处于此种境况的人们带来希望，或者给他们造成负担。

特别值得一提的是，"生殖"的问题与传统的家庭观和社会观念密切相关，如"夫妻（情侣）本就应该有孩子""当了父母之后才算真正长大成人"等，这些价值观和观念将当事人置于"技术带来的重负"之下，而不管当事人意愿如何。或者，夫妻自身就在不知不觉之中将这种"当了父母之后才算真正长大成人"的社会观念内化于心，从而在无意识的情况下受到了"想要孩子""必须有孩子"等愿望的驱使。

"想要一个健康的孩子"是极其自然的父母之心，但出生前诊断技术的发展有可能将这种想法变成一种无形的压力，即"必须生一个健康的孩子"。

技术的进步是否带来了人类的自由？抑或是将特定的价值观加在人们身上，从而"抑制"了自由？

2011年10月17日，接受了出生前诊断的东尾理子面对《朝日新闻》的采访时说道："即便技术不断发展，人类的观念和教养也难以共同进步。医疗技术的发展究竟是好是坏？我认为，从现在开始，人们有必要掌握至少能对此作出判断的知识。"

进入21世纪以来，医学本身发生着翻天覆地的变化，同时，医疗技术、操纵生命与传统的人类观、价值观之间滋生了诸多难题，这些都要求我们每一个人要掌握具体的判断依据。

如果本书能够成为判断并解决这些难题的一条线索，我将备感荣幸。

最后，我要对一同策划本书出版的光文社新书的三野知里女士表达由衷的感谢之情。

小林亚津子

主要参考文献和资料

『セックス・アンド・ザ・シティ』シーズン2、パラマウント・ジャパン、2013年

NHKクローズアップ現代「産みたいのに産めない――卵子老化の衝撃――」2012年2月14日

NHK取材班編著『産みたいのに産めない 卵子老化の衝撃』文藝春秋、2013年

河合蘭『卵子老化の真実』文春新書、2013年

加藤尚武『脳死・クローン・遺伝子治療――バイオエシックスの練習問題』PHP新書、1999年

『セックス・アンド・ザ・シティ』シーズン2、パラマウント・ジャパン、2013年

マーク・J・ペンほか『マイクロトレンド――世の中を動かす1％の人びと』日本放送出版協会、2008年

『カレには言えない私のケイカク』（原題"The Back‐up Plan"）アメリカ映画、ソニー・ピクチャーズエンタテインメント、2010年

ケン・ダニエルズ著、仙波由加里訳『家族をつくる――提供精子を使った人工授精で子どもを持った人たち』人間と歴史社、2010年

NHK教育『にんげんゆうゆう』「不妊夫婦の決断・父を捜す"姉妹"の旅」2002年1月21日

大野和基「ドキュメント・AID（非配偶者間人工授精）」第5回「遺伝的な"兄弟姉妹"を探す」講談社「G2」、2013年6月16日閲覧

荻野美穂「生殖技術と新しい家族の形態」丸善出版『生殖医療』シリーズ生命倫理学6、2012年

BS世界ののドキュメンタリー「"ドナー150"を探して――精子提供者と子どもたち――」2011年10月25日

ザ！世界仰天ニュース DNAスペシャル パート33「ミスター・パーフェクトの謎の謎」2007年9月5日

『人生、ブラボー！』（原題"STARBUCK"）カナダ映画、パラマウント・ジャパン、2011年

池庄司裕子『DI児の望ましい福祉――非配偶者人工受精で生まれた子どもたち――』早稲田大学文化構想学部、2012年

歌代幸子『精子提供――父親を知らない子どもたち』新潮社、2012年

岩上安身「政府法案に物申す――野田聖子議員に聞く」医学の世界社『産婦人科の世界』第57巻10号、2005年10月号

毎日新聞「論点」2013年3月17日

石原理『生殖医療と家族のかたち――先進国スウェーデンの実践』平凡社新书、2010年

『ガタカ』（原題"GATTACA"）ソニー・ピクチャーズエンタテインメント、アメリカ映画、1997年

「ハリウッドチャンネル」2011年1月6日

『私の中のあなた』（原題"My Sister's Keeper"）アメリカ映画、ギャガ、2009年

生育的选择
生育的自由与边界

読売新聞、2012年7月11日

産経新聞、2012年9月19日

サイエンスミステリーDNAIV第二章「ある女性の選択」2008年2月

海堂尊『ジーン・ワルツ』新潮文庫、2010年

金城清子『生殖革命と人権──産むことに自由はあるのか』中公新书、1996年

須藤みか『エンブリオロジスト──受精卵を育む人たち』小学館、2010年

毎日新聞、2000年6月16日

『シバジ』韓国映画、1987年

レナーテ・D.クライン編、フィンレージの会訳『不妊──いま何が行われているのか』晶文社、1991年

『キッズ・オールライト』(原題"THE KIDS ARE ALL RIGHT")アメリカ映画、アミューズソルト、2010年

「Coming Outおかあさんになったおとうさんのカムアウト」扶桑社『週刊SPA!』2008年12月9日号

吉田秋生『YASHA──夜叉』小学館コミック文庫、2013年

朝日新聞、2012年10月17日